中国梦三字经

ZHONGGUOMENG SANZIJING

李国堂◎著

中国出版集团 東方出版中心

前言

习近平总书记指出:“每个人都有理想和追求,都有自己的梦想。现在,大家都在讨论中国梦,我以为,实现中华民族伟大复兴,就是中华民族近代以来最伟大的梦想。这个梦想,凝聚了几代中国人的夙愿,体现了中华民族和中国人民的整体利益,是每一个中华儿女的共同期盼。

“历史告诉我们,每个人的前途命运都与国家和民族的前途命运紧密相连。国家好,民族好,大家才会好。实现中华民族伟大复兴是一项光荣而艰巨的事业,需要一代又一代中国人共同为之努力。

“我坚信,到中国共产党成立100周年时全面建成小康社会的目标一定能实现,到新中国成立100年时建成富强民主和谐的社会主义现代化国家的目标一定能实现,中华民族伟大复兴的梦想一定能实现。”[1]

《中国梦三字经》是在中国梦的感召下创作出来的文化作品。全书分为华夏逐梦、民族独立、国家富强、文明共享、中华圆梦五个部分,共320句、960字,浓缩了中华民族五千年波澜壮阔的文明进程,重点描述了近代以来中国人民为争取民族独立浴血奋战的历史以及新中国成立后所取得的举世瞩目的辉煌成就。本书讴歌的治国领袖、英雄人物、爱国人物、模范

---

[1]参阅《习近平总书记深情阐述“中国梦”》,《人民日报》,2012年11月30日。

人物、行业标兵等，都是中华民族的杰出代表，是激励中国人民为实现中华民族伟大复兴的中国梦而奋斗的正能量。

《中国梦三字经》借鉴古代经典启蒙读物《三字经》的叙述格式，纵横古今，内涵厚重，思想性强，紧扣时代脉搏，充分反映民众心声，语言简洁，朗朗上口，易懂易记。

目录

前言 ……………………………………………………001

华夏逐梦 …………………………………………………001

民族独立 …………………………………………………035

国家富强 …………………………………………………069

文明共享 …………………………………………………103

中华圆梦 …………………………………………………137

附录 ……………………………………………………170

华夏逐梦

中国梦

源流长

渔猎耕

始三皇[1]

[1]“三皇”一词出现于战国，到汉代才形成置于五帝前的“三皇”说。三皇是指燧人、伏羲、神农。燧人传说是钻木取火的发明者，教人熟食。伏羲相传始画八卦，又教民打猎和捕鱼。神农传说教人播种五谷，亲尝百草，辨别百药。以三皇为代表的生存技术的进步，确实在中华大地上发生过。这一古史系统尽管是后人总结归纳的，却包含了真实历史的影子。

[1] 参阅《中国大百科全书》（第二版精粹本）（下），中国大百科全书出版社，2013年第1版，第1220 ～ 1221页。

燧人　王浩沣 作

轩辕帝

拓蛮荒

华夏族

融四方[1]

[1] 中国古史传说时代的古帝，后被尊为中华民族的“人文初祖”。相传黄帝姬姓，号轩辕，因居轩辕之丘，汉代以后文献中多留下“黄帝轩辕氏”的称谓。轩辕黄帝为五帝之首。五帝是指黄帝、颛顼、帝喾、唐尧、虞舜。约在五千年前，传说黄帝与炎帝联合战胜部落首领蚩尤，奠定了古代华夏族文明的根基。

[1]参阅《中国大百科全书》(第二版精粹本)(上)，中国大百科全书出版社，2013年第1版，第620页。

黄帝者少典
之子姓公孫
名曰軒轅生
而神靈弱而
能言幼而徇
齊長而敦敏
農氏弗能征
於是軒轅乃
習用干戈以
征不享諸侯
咸來賓從而
史記

轩辕黄帝　曹天舒 作

尧舜贤
相禅让[1]
禹治水[2]
功无量

大禹 张旺 作

[1] 五帝中的前四帝都是沿袭“父子相继、兄终弟及”的王位继承制度。颛顼是黄帝之孙，帝喾是黄帝之曾孙，唐尧是帝喾之子。到了第五帝接任时，出现了中国历史上第一次王权传位的伟大变革，即传给有才能的人。相传尧年老的时候，举行部落联盟议事会，各部落首领都推举舜为继承人。尧便对不同姓的舜进行了三年的政绩考察，才放心把权交给了舜。这就是有名的“尧舜禅让”。

[2] 禹是中国历史传说时代的古帝，史前先民抗御洪水的代表人物。相传帝尧之时洪水滔天，用鲧治水九年不成。舜摄政后，让鲧的儿子大禹来治水。大禹对洪水采取“疏导”的办法，终于完成了治水的大业。

---

[1] 参阅《中国大百科全书》(第二版精粹本)(下)，中国大百科全书出版社，2013年第1版，第1246页。

[2] 同上书，第1792页。

夏王启[1]

国家立

周兴师[2]

纣自毙

武王伐纣　王丽红 作

[1] 夏启也称夏王启、夏后启，是大禹的儿子，建立了中国历史上第一个奴隶制王朝——夏朝。夏氏族原姓姒，但从启开始改用国名“夏”为姓。同时启不再使用伯这个称号而改用后，即“夏后启”。夏启巩固了夏政权，各方国首领偕来朝会，启在钧台（今河南禹州南）举行盛大享宴，史称“钧台之享”。夏启在王位传承上改变了原始部落的禅让制，取而代之的是以“家天下”的世袭制，国家财产成了一家私产，形成了“禹传子，家天下”的制度，开创了中国近四千年世袭的先河。

[2] 约公元前1046年，周武王带领周与各诸侯联军起兵讨伐商朝最后一位君主殷纣王。殷纣王沉湎酒色，纵情享乐，民怨沸腾。周武王在商别都朝歌郊外的牧野（今河南淇县西南）举行誓师。誓师完毕，诸侯派兵参加会盟者共有战车四千辆，列阵于牧野。殷纣王也发兵抵御。殷纣王的军队有很多临时武装起来的平民和奴隶，他们早已恨透了纣王，于是在阵前倒戈，掉转武器攻纣。殷纣王逃跑，退入城中，登上鹿台，把他的宝玉都穿戴在身上，自焚而死。周武王打败殷纣王对推动中国历史进步起到了积极的作用，中国从此建立了长达近八百年的周朝。

---

[1] 参阅《中国大百科全书》（第二版精粹本）（上），中国大百科全书出版社，2013年第1版，第1123页。
[2] 同上书（下），第1944页。

春秋霸[1]

战国争[2]

始皇出[3]

秦一统

秦始皇 王西京 作

[1] 春秋时期，周天子失势，天子反而依附于强大的诸侯。一些强大的诸侯国为了争夺霸权，互相征战。先后称霸的五个诸侯为齐桓公、宋襄公、晋文公、秦穆公和楚庄王，他们被称为“春秋五霸”。

[2] 春秋时期无数次战争使诸侯国的数量大大减少。到战国时期，在北起长城、南达长江流域的范围之内先后出现了七个实力最强的诸侯国齐、楚、燕、韩、赵、魏、秦，史称“战国七雄”。

[3] 秦始皇是中国秦朝的开国皇帝，13岁即王位，39岁称帝，在位共37年。自前230年至前221年，先后灭韩、赵、魏、楚、燕、齐六国，建立了中国历史上第一个统一的多民族的中央集权的封建王朝——秦朝。他采纳了李斯的建议，改变了以前周朝的分封制，实行郡县制。他在政治、经济、军事和文化思想方面推行了一系列巩固统一中央集权的措施。

---

[1] 参阅《从文明起源到现代——中国历史25讲》，主编：林甘泉、张海鹏、任式楠，人民出版社，2002年第1版，第38页。

[2] 同上书，第39页。

[3] 参阅《中国大百科全书》（第二版精粹本）（上），中国大百科全书出版社，2013年第1版，第1145页。

民起义[1]

刘项兴[2]

楚败亡

汉称雄

[1] 陈胜、吴广在大泽乡揭竿而起，揭开了秦末农民起义的序幕，是一次全国规模的大起义，也是我国封建社会第一次农民大起义。大泽乡起义因陈胜得势后骄傲，加上秦将章邯率秦军镇压而失利。

[2] 随着陈胜、吴广首先发动大泽乡起义，一时间天下群雄纷纷响应，西楚霸王项羽、汉王刘邦在战争中脱颖而出，成为楚汉双雄。两人为了争夺天下，展开了长达4年多的战争，项羽兵败，乌江自刎，一介布衣刘邦当上了皇帝，建立了汉王朝。

---

[1] 参阅《中国农民起义领袖小传》，开封师范学院历史系编，人民出版社，1976年第1版，第14～15页。

[2] 参阅《从文明起源到现代——中国历史25讲》，主编：林甘泉、张海鹏、任式楠，人民出版社，2002年第1版，第102页。

陈胜、吴广起义

汉武帝[1]

盛世君

三国分

归西晋[2]

汉武帝试马图　钱晔 作

[1] 在历代王朝的发展史上，有“汉唐盛世”之说。这里的“汉”就是指的汉武帝时期。汉武帝刘彻是汉景帝之子，汉高祖刘邦的曾孙，杰出的政治家、战略家、诗人。汉武帝时期攘夷拓土，国威远扬，奠定了汉地的基本范围。汉武帝是中国封建王朝中最杰出的君主之一。汉武帝时期的西汉，也是当时世界上最强大的王朝。

[2] 三国后期，司马懿和他的儿子司马师、司马昭逐渐控制了魏国的军政大权。263年，司马昭派邓艾和钟会进攻蜀国，兵临城下，刘禅投降。265年司马懿的孙子司马炎废魏帝，建立晋朝，定都洛阳，史称西晋。其后灭东吴，短时统一全国。

---

[1] 参阅《华夏英杰百人传》，文之撰稿，解放军出版社，1983年第1版，第55～57页。

[2] 参阅《中国简史》，天津师范学院历史系《中国简史》编写组编，人民教育出版社，1980年第2版，第136页。

南北朝[1]

隋归一[2]

唐太宗

贞观绩[3]

唐太宗　项维仁 作

[1] 中国历史上从386年北魏建国到589年隋朝统一全国形成的南北对峙局面。南北朝是中国历史上的一段大分裂时期。

[2] 隋朝是中国上承南北朝下启唐朝的重要朝代，因唐朝与隋朝的文化、制度、社会特点一脉相承，故史学家常将两朝合称为隋唐。隋朝的建立结束了自西晋末年以来长达近三百年的分裂局面。

[3] 唐朝以“贞观之治”和“开元之治”最为辉煌。唐太宗李世民选贤任能，虚心纳谏，减轻徭赋，休养生息，完善科举制度，使得社会出现了安宁的局面，史称“贞观之治”。唐玄宗李隆基在唐朝第一个盛世的基础上，开创了经济繁荣、万邦来朝的“开元之治”。

---

[1] 参阅《中国大百科全书》(第二版精粹本)(上)，中国大百科全书出版社，2013年第1版，第1032页。

[2] 参阅《中国历史》，主编：徐海山，线装书局，2006年第1版，第153页。

[3] 参阅《中国大百科全书》(第二版精粹本)(下)，中国大百科全书出版社，2013年第1版，第1420页。

五代乱

北宋建[1]

辽金侵[2]

宋南迁[3]

赵匡胤“黄袍加身”，成为北宋王朝开国皇帝宋太祖

[1] 中国唐朝灭亡后，在北方相继出现五个王朝和南方及山西先后存在的十个政权，合称五代十国。五代指后梁、后唐、后晋、后汉与后周。十国指前蜀、后蜀、吴、南唐、吴越、闽、楚、南汉、南平(荆南)、北汉十个割据政权。赵匡胤“陈桥兵变，黄袍加身”，夺取后周政权，建立北宋王朝。

[2] 辽朝是由游牧民族契丹族在中国北方地区建立的王朝。金朝是辽朝臣属女真族建立的北方政权，以极快的速度灭掉辽，后又南下，靖康二年占领宋朝都城汴梁，俘虏宋徽宗和宋钦宗，北宋灭亡。

[3] 北宋是中国继五代十国之后赵匡胤建立的中原王朝。960年在开封建国，1127年被金朝灭亡。同年，在南京应天府(今河南商丘西南)重建，后建都临安(今浙江杭州)，史称南宋。1279年，被元朝灭亡。

---

[1] 参阅《中国大百科全书》(第二版精粹本)(下)，中国大百科全书出版社，2013年第1版，第1550页。
[2] 同上书，第719、866页。
[3] 同上书，第1363页。

元兴起[1]

明复替[2]

清末弱[3]

八国欺[4]

成吉思汗

[1] 元朝是中国历史上由蒙古族统治者建立的统一王朝，1206年，成吉思汗建国于漠北，号大蒙古国。大蒙古国统治亚洲和欧洲广大地区。1260年，元世祖忽必烈即汗位于开平，建元中统。1271年，忽必烈取《易经》“大哉乾元”之意，改国号为大元，次年迁都燕京，称大都（今北京）。

[2] 洪武元年（1368），朱元璋推翻元朝统治，在应天（今南京）称帝，国号明。

[3] 清朝是满族统治者建立的大一统王朝，也是中国历史上最后一个封建王朝，后经康雍乾三朝发展至鼎盛，奠定了近现代中国的领土主权。乾隆后期，清朝走过了全盛阶段而逐渐衰微。清朝中后期，由于政治僵化、文化专制、闭关锁国、思想禁锢、外来侵略等原因，在世界上逐步落后于发达国家。

[4] 1900年，主要由俄、英、美、德、法、日、意、奥八国为镇压中国义和团运动而组成的侵华联军——八国联军在北京公开大肆抢劫，清宫无数文物珍宝被洗劫一空，大批民众惨遭杀戮。八国联军侵华，给当时的中国带来了深重的灾难。

---

[1] 参阅《中国大百科全书》（第二版精粹本）（上），中国大百科全书出版社，2013年第1版，第1798页。

[2][3] 同上书，第1001～1002、1153～1154页。

[4] 同上书，第45页。

孙中山

身为公

倡三民

帝制终[1]

[1] 孙中山出身于农民家庭，青少年时代受到广东人民革命传统的影响，向往太平天国的革命事业。他是中国近代民主革命的伟大先行者。他倡导三民主义，即民族主义、民权主义、民生主义，以“天下为公”为己任，首举彻底反封建的旗帜，1911年10月10日的武昌起义取得胜利，推翻了中国长达两千多年的封建帝制。他为改造中国耗尽毕生的精力，在历史上建立了不可磨灭的功勋，在政治上也为后继者留下了珍贵的遗产。

[1] 参阅《中国大百科全书》(第二版精粹本)(下)，中国大百科全书出版社，2013年第1版，第1387页。

孙中山 靳尚谊 作

毛泽东

打江山

新中国

立东方[1]

[1] 毛泽东是伟大的马克思主义者，是中国共产党、中国人民解放军和中华人民共和国的主要缔造者和领袖。1927年，毛泽东在湘赣边界组织领导了秋收起义。1927年10月27日，他建立了中国革命史上第一个革命根据地——井冈山革命根据地。1935年1月的遵义会议，确立了毛泽东在红军和党中央的领导地位。中国人民在他的正确领导下，取得了抗日战争和解放战争的胜利，建立了中华人民共和国，并取得了社会主义革命和建设的辉煌成就。

[1] 参阅《中国大百科全书》（第二版精粹本）（下），中国大百科全书出版社，2013年第1版，第959页。

咏梅　黄传伟 作

邓小平

总设计

改革路

民富裕[1]

[1] 邓小平是中国共产党第二代领导集体的核心，中国特色社会主义理论的重要创建者。1978年12月，中国共产党十一届三中全会后，他引导中国走上了改革之路。在农村推行了家庭联产承包责任制，使八亿多农民脱贫致富。同时又打开封闭的国门，创办深圳、珠海、汕头、厦门四个“经济特区”，并扩大开放，由沿海逐步向内陆纵深拓展。1984年，邓小平正式提出“一国两制”的科学构想，成功地解决了香港、澳门回归问题。人们称他为“中国社会主义改革开放和现代化建设的总设计师”。

[1] 参阅《中国大百科全书》（第二版精粹本）（上），中国大百科全书出版社，2013年第1版，第263页。

春潮　王西京 作

三代表[1]

正本源

顺潮流

谱新篇

[1]“三个代表”重要思想的内容为：中国共产党始终代表着中国先进生产力的发展要求，代表着中国先进文化的前进方向，代表着中国最广大人民的根本利益。“三个代表”重要思想是对马克思列宁主义、毛泽东思想和邓小平理论的继承和发展，是中国共产党的立党之本、执政之基、力量之源。2002年11月，中国共产党第十六次全国代表大会把“三个代表”重要思想写入党章，成为中国共产党的指导思想之一。

[1]参阅《中华人民共和国图像日志》(下册)，沈学明编著，中央文献出版社，2010年第1版，第293～294页。

扬帆起航

人为本

科学观[1]

重和谐

谋发展

[1] 科学发展观是中国特色社会主义理论体系的重要内容，是同马克思列宁主义、毛泽东思想、邓小平理论和“三个代表”重要思想一脉相承又与时俱进的科学理论，是中国经济社会发展的重要指导方针，是发展中国特色社会主义必须坚持和贯彻的重大战略思想。科学发展观的第一要义是发展，核心是以人为本，基本要求是全面、协调、可持续，根本方法是统筹兼顾。2007年10月，中国共产党第十七次全国代表大会把科学发展观写入党章，成为中国共产党的指导思想之一。

[1] 参阅《中国大百科全书》(第二版精粹本)(上)，中国大百科全书出版社，2013年第1版，第784～785页。

巨龙腾飞

习近平
领航向
新时代
国富强[1]

在中国共产党第十九次全国代表大会上，习近平指出，经过长期努力，中国特色社会主义进入了新时代，这是我国发展新的历史方位。

[1]十八大以来，以习近平同志为主要代表的中国共产党人，顺应时代发展，创立了习近平新时代中国特色社会主义思想。习近平新时代中国特色社会主义思想是对马克思列宁主义、毛泽东思想、邓小平理论、“三个代表”重要思想、科学发展观的继承和发展，是马克思主义中国化最新成果，是党和人民实践经验和集体智慧的结晶，是中国特色社会主义理论体系的重要组成部分，是全党全国人民为实现中华民族伟大复兴而奋斗的行动指南，必须长期坚持并不断发展。在习近平新时代中国特色社会主义思想指导下，中国共产党领导全国各族人民，统揽伟大斗争、伟大工程、伟大事业、伟大梦想，推动中国特色社会主义进入了新时代。中华民族迎来了从站起来、富起来到强起来的伟大飞跃。

[1] 参阅《中国共产党章程》(2017年版)，共产党员网。

民族独立

旧中国

百年辱

独立梦

曲折路[1]

[1] 自1840年中英鸦片战争爆发，至1949年南京国民党政权覆亡，历经清王朝晚期、中华民国临时政府时期、北洋军阀时期和国民政府时期，中国社会政治、经济、文化剧烈动荡，中国逐渐沦为半殖民地半封建社会。
中国近代百年历史是中华民族屈辱的历史，也是奋斗、抗争的历史。鸦片战争、中法战争、中日甲午战争、八国联军侵华，给中华民族带来深重的灾难。近百年来世界上几乎所有的资本主义国家都对中国发动过一次甚至多次侵略战争。中国人民为摆脱外国资本主义和本国封建主义的压迫，进行了长时期的、不屈不挠的斗争。
中国共产党领导中国人民经过北伐战争、土地革命战争、抗日战争和全国解放战争四个阶段，1949年取得了中国人民民主革命的伟大胜利。

圆明园劫难　孙韬 作

林则徐

焚鸦片[1]

三元里

民血战[2]

林则徐　童帝新 作

[1]“闭关锁国”的清朝逐步落后于世界大潮，被称为“日不落”帝国的英国是当时世界上强大的资本主义国家，中国则成为英国的侵略目标。英国向中国走私毒品鸦片，牟取暴利，给中国社会带来了严重危害。道光皇帝命林则徐为钦差大臣，前往广东禁烟。林则徐严行查缴鸦片二万余箱，并于虎门海口悉数销毁，捍卫了中华民族的尊严，增长了中国人民的志气。虎门销烟是中国近代反帝斗争的一个伟大壮举，是一声响亮的号角，唤起了千百万炎黄子孙为民族振兴而奋斗，表现了睡狮猛醒的雄伟气魄。

[2]三元里抗英是第一次鸦片战争时期三元里人民抗击英国的反侵略斗争。1841年5月29日，小股英军窜到广州城北五里的三元里村抢掠，村民奋起抗击，毙敌数人。为了对付侵略者的报复，他们又联络附近103个乡的群众，共同对敌。民众手持大刀、长矛等传统兵器，趁着天气阴雨，诱导英军到潮湿的沼泽地，在火枪无法射击发挥武器优势的情况下，进而重重围困英军，取得胜利。这是中国近代史上第一次民众大规模自发保卫家园、抵抗外来侵略的战斗，是近代中国人民反侵略斗争的一面光辉旗帜。

[1] 参阅《中华英杰》，郭汉杰编著，中州古籍出版社，1998年第1版，第278～279页。
[2] 参阅《中国历史》，许海山主编，线装书局，2006年第1版，第453页。

洪秀全

揭义竿[1]

均田制[2]

合民愿

太平军在江西湖口粉碎清军水路进攻　英国伶俐 绘

[1]鸦片战争后，民族矛盾的加剧促进了国内阶级矛盾的激化，广大农民饥寒交迫，纷纷揭竿而起，其后十年间，各族人民自发的反清起义达一百多次。太平天国是中国近代反对清朝封建统治和外国资本主义侵略的农民战争及其所建立的政权。1851年1月11日，洪秀全在广西桂平县金田村领导起义，建号“太平天国”。太平天国运动是中国历史上规模最大的农民革命。

[2]太平天国运动颁布的一个纲领性文件就是《天朝田亩制度》，其基本内容是按人口平均分配土地，把土地从封建土地主手里夺回到农民手里，使农民摆脱封建剥削，反映了农村广大贫苦农民对土地的普遍要求，无疑具有反对封建土地所有制的革命性。

[1] 参阅《中国大百科全书》(第二版精粹本)(下)，中国大百科全书出版社，2013第1版，第1401页。

[2] 参阅《太平天国革命》，《中国近代史丛书》编写组，上海人民出版社，1973年第1版，第33页。

办洋务
自图强[1]
外侵凌
更危亡

[1] 经过两次鸦片战争，清王朝看到外国侵略者坚船利炮的巨大威力，感受到一种潜在的长远威胁，同时以太平天国为中心的农民起义也冲击着清王朝的颓垣残壁。清朝统治集团的洋务派以“自强”、“求富”、“师夷长技以制夷”、“中学为体，西学为用”为指导思想，引进和学习西方科学技术，创办了一批近代军事工业及民用工业，奠定了中国近代化工业的基础。北洋水师的建立，是洋务运动军事方面的最高成果之一。洋务运动是中国历史上一次封建统治者的自救运动，但由于洋务运动的创办者自身的封建性和腐朽性，以甲午海战失利而宣告失败。

[1] 参阅《中国大百科全书》(第二版精粹本)(下)，中国大百科全书出版社，2013年第1版，第1710页。

八国联军侵华战争，北京城陷落 《清国战乱画报》

甲午年

中日战

邓世昌

撞敌舰[1]

邓世昌　任率英　作

[1]从19世纪六七十年代起，日本通过明治维新走上了富国强兵的道路，侵略称霸成为国策。当时的中国掀起了一场“自强”、“求富”的洋务运动，虽然一度出现了“同治中兴”的景象，但由于清政府的腐败，不过是天朝帝国的回光返照。清王朝和日本于1894年（农历甲午年）在朝鲜半岛、辽东、山东半岛及黄海等地进行了一场战争。这场战争以中国战败、北洋水师全军覆没而告终。中国战争赔款高达二亿三千万两白银，使日本成了亚洲的暴发户，刺激了日本更大的侵略中国的野心，给中华民族带来了空前严重的灾难和危机。

在甲午海战的黄海战役中，邓世昌指挥“致远”舰奋勇作战，弹尽粮绝，他毅然下令猛撞日本主力舰“吉野”号，决意与敌同归于尽。但不幸被鱼雷击中，他与舰上两百多名官兵壮烈牺牲。

---

[1]参阅《中国大百科全书》（第二版精粹本）（下），中国大百科全书出版社，2013年第1版，第1927页。《浩然正气》，中国革命博物馆编，人民出版社，1991年第1版，第34页。

推变法

有康梁

六君子

戮刑场[1]

[1] 中国在甲午战争中惨败，日本逼迫中国签订丧权辱国、割地赔款的《马关条约》，亡国灭种的危急形势迫使一部分资产阶级和进步知识分子开始寻找新的救国救民道路。戊戌变法是康有为、梁启超等维新派人士通过光绪帝进行的倡导学习西方进步的政治改良运动，是一次爱国救亡运动，符合近代中国发展的历史趋势，但遭到以慈禧太后为首的守旧派的反对。慈禧太后发动戊戌政变，囚禁光绪帝，废除变法。维新人士康有为、梁启超逃亡国外，谭嗣同、林旭、刘光第、杨深秀、康广仁、杨锐六人惨遭杀害，史称“戊戌六君子”。

[1] 参阅《中国大百科全书》(第二版精粹本)(下)，中国大百科全书出版社，2013年第1版，第1558～1559页。

戊戌六君子　王西京 作

列强侵

国危难

民觉醒

义和团[1]

[1] 甲午战争后，帝国主义列强掀起了瓜分中国的狂潮，外国教会也趁机深入中国城市和乡村进行文化侵略活动，使民族危机愈加严重。义和团运动是反帝爱国运动，由于运动具有笼统排外色彩、愚昧、盲目等原因，被清政府利用后遭抛弃，并走向失败。义和团的英勇斗争沉重打击了侵略者的嚣张气焰，客观上阻止了帝国主义列强瓜分中国的野心，促进了中国广大人民群众的觉醒。

[1] 参阅《中国大百科全书》(第二版精粹本)(下)，中国大百科全书出版社，2013年第1版，第1741页。

义和团员在练武 中国军事博物馆藏

同盟会

复中华[1]

辛亥年

清垮塌[2]

辛亥革命之开创新时代
黄中泰 作

[1] 中日甲午战争以后，以孙中山为代表的革命派登上了历史舞台。中国同盟会是由孙中山领导和组织的以海外中国人为主的一个全国性的民族民主革命政党，于1905年8月20日在日本东京成立。中国同盟会的根本政治要求是以孙中山提出的“驱逐鞑虏，恢复中华，创立民国，平均地权”为革命纲领。同盟会在推翻清政府、结束中国两千多年封建帝制的辛亥革命中起到了重要作用，促成了中国历史上第一个共和政权——中华民国的建立。

[2] 中国同盟会领导的多次起义失败后，以文学社和共进会为主的革命党人决定把目标转向长江流域，准备在以武汉为中心的两湖地区发动一次新的武装起义。通过革命党人的努力，终于在1911年10月10日（农历辛亥年）成功地发动了一场旨在推翻清朝统治的武昌起义。武昌起义创建了湖北军政府，成为共和政权的雏形，并引发各省响应，不到两个月就诞生了中华民国，建立了以孙中山为首的南京临时政府，取得了辛亥革命的重大胜利。辛亥革命是近代中国比较完整意义上的资产阶级民主革命，它在政治上、思想上给中国人民带来了不可低估的作用。

---

[1] 参阅《中国大百科全书》（第二版精粹本）（下），中国大百科全书出版社，2013年第1版，第1915页。

[2] 同上书，第1630～1631页。

帝官封

暗如磐

共产党

掀三山[1]

[1] 帝官封是指帝国主义、封建主义、官僚资本主义。帝国主义是第一座大山，指美、英、法、日等国家，它们割占我国领土（包括租借），对我国进行军事侵略，蹂躏我国主权；封建主义是第二座大山，指代表大地主大资产阶级的封建独裁的国民党蒋介石政权；官僚资本主义是第三座大山，指蒋、宋、孔、陈为首的四大家族，他们控制国家经济，民不聊生。这三座大山，沉重地压在旧中国人民的头上。在中国共产党的领导下中国人民打倒了帝国主义，废除了腐朽反动政府和西方列强签订的不平等条约，取消了帝国主义列强在华的一切特权，中国人民从此站了起来。

中国共产党成立　石奇人 作

建武装

南昌城[1]

秋暴动

靠工农[2]

南昌起义　莫朴 作

[1]为了反抗国民党反动派的屠杀政策，挽救中国革命，1927年8月1日，在周恩来、贺龙、叶挺、朱德、刘伯承等人的领导下，中国共产党联合国民党左派，在江西南昌打响了武装反抗国民党反动派的第一枪，揭开了中国共产党独立领导武装斗争和创建革命军队的序幕。8月1日成为中国工农红军和后来的中国人民解放军的建军节。

[2]1927年9月9日，由毛泽东在湖南东部和江西西部领导的工农革命军举行了秋收起义，这是继南昌起义之后中国共产党领导的又一次著名的武装起义。秋收起义不仅是军队的行动，而且有数量众多的工农武装参加，并公开打出了工农革命军的旗号。以毛泽东为代表的中国共产党人，从实际斗争中逐步为中国革命找到一条以农村包围城市，最后夺取全国胜利的正确道路。

秋收起义　何孔德、高泉、纪晓秋、陈玉先 作

[1]参阅《中国大百科全书》(第二版精粹本)(上)，中国大百科全书出版社，2013年第1版，第1032～1033页。
[2]同上书(下)，第1469页。

井冈山

星火燃[1]

聚遵义

挽狂澜[2]

从遵义走向胜利　王俊杰 作

[1] 井冈山革命根据地是1927年大革命失败后，毛泽东等中国共产党人领导湘赣边区军民与国民党反动势力作斗争中开辟的第一块农村革命根据地。1928年4月28日，在毛泽东率领的工农革命军的掩护和接应下，朱德、陈毅所率领的部分南昌起义部队和湘南暴动农军，安全地转移到达井冈山，同毛泽东领导的秋收起义部队会师。井冈山会师加快了井冈山星星之火的燎原之势，对推动中国革命事业的发展具有深远的意义。

[2] 红军第五次反“围剿”因博古、李德的错误指挥而失败。红军被迫撤离革命根据地进行长征。长征初期，博古等领导人在军事上又犯了逃跑主义错误，使红军蒙受重大损失。在革命的紧急关头，中央接受了毛泽东的正确意见，放弃向湘西的进军计划，改向敌人防守力量薄弱的贵州进军。1935年1月15日至17日，中共中央在遵义召开了政治局扩大会议。遵义会议结束了王明“左”倾冒险主义在中央的统治，确立了毛泽东在党中央和红军的领导地位。这次会议在极端危险的时刻，挽救了党和红军，是中国共产党历史上一个生死攸关的转折点。从此，中国革命走上了胜利发展的道路。

---

[1] 参阅《井冈山革命根据地全史》，余伯流、陈钢著，江西人民出版社，2010年第3版，第1页。

[2] 参阅《中国大百科全书》(第二版精粹本)(下)，中国大百科全书出版社，2013年第1版，第1981～1982页。

爬雪山

长征苦

过草地

光明路[1]

[1]1934年10月，中央主力红军为了摆脱国民党军队的“围剿”，被迫实行战略大转移，退出根据地进行长征。在两年中，红军共进行了400余次战役战斗，突破了几十万敌军的包围封锁，辗转大半个中国，翻过20多座海拔4000米以上的皑皑雪山，穿过了被称为“死亡陷阱”的茫茫草地，平均每天行军71里，总行程约二万五千里，终于和陕北红军胜利会师，将中国革命的大本营转移到了西北，为开展抗日战争和发展中国革命事业创造了条件。长征是中国工农红军以血肉之躯谱写的英雄史诗，是人类历史上的伟大壮举。毛泽东曾高度评价说：“长征是以我们胜利、敌人失败的结果而结束。”

[1] 参阅《中国红军长征记》，程广瑾、方十可著，河南人民出版社，1987年第1版，第1页。

红军爬雪山 冯法祀 作

红军过草地 张文源 作

延安塔[1]

耸云端

闹革命

民心连

[1] 宝塔山古称嘉岭山，位于延安城东地，延河之滨，因山上有塔，故通常称作宝塔山。山上宝塔，始建于唐，现为明代建筑。平面八角形，九层，高约44米，楼阁式砖塔。宝塔山是革命圣地延安的重要标志和象征。1937年1月7日党中央进驻延安，直到1948年3月23日为迎接全国革命的胜利，东渡黄河，前往华北为止，延安当之无愧地成为红军长征的落脚地、毛泽东思想的确立地、延安精神的发祥地、夺取全国胜利的出发地，成为指导中国革命的中心和战略总后方，成为中国共产党成就伟业的革命圣地。

延安　上海画院集体创作

抗日寇

十四年

民族奋

驱敌顽[1]

[1] 抗日战争是指20世纪中期第二次世界大战中，中国抵抗日本侵略的一场民族性的全面战争。从1931年九一八事变至1945年日本宣布投降结束，历时14年，中国军民伤亡共3500多万人，占第二次世界大战各国伤亡人数总和的三分之一多，中国财产损失和战争消耗1000多亿美元，间接经济损失5000多亿美元。抗日战争的胜利彻底打败了日本侵略者，捍卫了中国的国家主权和领土完整，洗雪了鸦片战争以来中国人民受帝国主义奴役和压迫的耻辱，促进了中华民族的觉醒和团结，是中华民族历史上最伟大的卫国战争，是世界反法西斯战争的重要组成部分，也是中国近代以来抗击外敌入侵第一次取得完全胜利的民族解放战争。

[1] 参阅《中国大百科全书》(第二版精粹本)(上)，中国大百科全书出版社，2013年第1版，第776页。

1945 年 9 月 9 日上午，侵华日军向中国投降

三战役[1]

渡长江[2]

十月一

庆解放[3]

开国大典 董希文 作

[1] 三大战役是指辽沈、淮海、平津三大战役，从1948年9月12日开始到1949年1月31日结束，历时142天，共歼灭国民党正规军144个师，非正规军29个师，合计154万余人。通过三次大决战，国民党赖以维持其反动统治的主要军事力量基本上被消灭，沉重打击了国民党的士气，严重动摇了国民党上下的独裁梦想。三大战役的胜利，奠定了人民解放战争在全国胜利的基础。

[2] 渡江战役是解放战争时期中国人民解放军强渡长江的战役。从湖口到江阴的千里沿线，成千上万只木船，以排山倒海之势，浩浩荡荡，横渡长江。渡江战役的胜利，为解放南方各省创造了有利条件。

[3] 中华人民共和国开国大典是指1949年10月1日在北京为中华人民共和国中央人民政府成立而举行的仪式，是中华人民共和国成立的标志。中华人民共和国的成立，宣告了一个旧时代的终结和一个新时代的开端，正是从这一天开始，中国人民真正成为国家的主人，中国的历史从此翻开了崭新的篇章。

---

[1] 参阅《中国共产党历史》，第一卷（1921～1949）（下册），中共中央党史研究室著，中共党史出版社，2011年第1版，第793页。
[2] 参阅《中华人民共和国图像日志》（上册），沈学明编著，中央文献出版社，2010年第1版，第2页。
[3] 同上书，第20页。

救中国

多仁人[1]

共逐梦

定乾坤

[1] 出自《论语·卫灵公》:“志士仁人,无求生以害仁,有杀身以成仁。”“仁”的信念激励了无数仁人志士为国家民族而抛头颅洒热血,为社会公正挺身而出、见义勇为。一个国家、一个民族,之所以能够屹立于世界,在于这个国家与民族拥有敢于为正义而奋斗献身的英烈志士,而国家民族的存亡命运,也往往系于志士仁人们的舍命拼搏,他们以自己的精神感召人们拯救时艰,共同担当天下道义的责任。

英雄交响曲　冯远 作

国家富强

国新立

百业兴

东方晓

睡狮醒[1]

[1]2014年3月27日，国家主席习近平在中法建交50周年纪念大会上说，实现中国梦，给世界带来的是机遇不是威胁，是和平不是动荡，是进步不是倒退。拿破仑说过，中国是一头沉睡的狮子，当这头睡狮醒来时，世界都会为之发抖。中国这头狮子已经醒了，但这是一只和平的、可亲的、文明的狮子。习主席的新狮子观是对拿破仑狮子观的现代文明诠释，是对世界发展的庄严承诺，彰显了大国责任担当精神和中国梦的世界价值。

[1] 参阅《习近平：中国是一只和平的、可亲的、文明的狮子》，新华网，2014年3月28日。

天安门日出　吴寅 1967 年 摄

两弹响

卫星升

拥核武

保和平[1]

[1] 我国自主研制的原子弹、氢弹的爆炸成功和人造卫星的发射成功是新中国伟大成就的象征，是中华民族的骄傲。根据当时严峻的国际形势，为了保卫国家安全、维护世界和平，我国作出了独立自主研制“两弹一星”的战略决策。在当时国家经济、技术基础薄弱和工作条件十分艰苦的情况下，我国完全依靠自己的力量，自力更生，奋发图强，用较少的投入和较短的时间，突破了原子弹、导弹和人造地球卫星等尖端技术，取得了举世瞩目的辉煌成就。从第一颗原子弹试验到氢弹原理突破，美国用了七年零四个月，苏联用了四年，英国用了四年零七个月，法国用了八年零六个月，而中国仅用了两年零八个月就完成了这两个阶段的跨越。

[1] 参阅《中华人民共和国图像日志》(上册)，沈学明编著，中央文献出版 社，2010年第1版，第280页。

我国第一颗原子弹爆炸试验成功　孟昭瑞 摄

联合国[1]

席位重

入世贸[2]

争公平

中国外经贸部部长石广生（前中）代表中国政府在中国加入世贸组织的议定书上签字　王建华 摄

[1]1945年在世界反法西斯战争全面胜利的前夕，反法西斯各国成立了联合国。中国是联合国的发起国和安全理事会五个常任理事国之一，但新中国成立后，中国在联合国的合法席位一直被败逃到台湾的国民党当局非法占据。中国政府为恢复在联合国的合法席位，进行了不屈不挠的斗争。1971年10月25日，联合国确立了新中国的合法席位，并驱逐了台湾国民党集团代表。现在中国是联合国安理会的五大常任理事国之一，和联合国成员一起对维护世界和平、缓和国际紧张局势、协调国际经济关系、促进世界各国交流等方面都发挥着积极的作用。

[2]世界贸易组织是现今全球最具有广泛性的国际经济组织之一，拥有160多个成员国，成员国贸易总额达到全球的98%，有"经济联合国"之称。2001年11月11日，中国加入世贸组织的签字仪式在卡塔尔举行。2001年12月11日，中国正式成为世贸组织的第143个成员。加入世界贸易组织，为我国赢得更好的国际环境，有力地扩大了对外开放，有利于增强我国经济发展活力和国际竞争力。

[1]参阅《中华人民共和国图像日志》（上册），沈学明编著，中央文献出版社，2010年第1版，第298页。

[2]同上书（下册），第284页。

港澳归[1][2]

举国庆

念生母

血脉同

1997 年7月1日，香港回归祖国

[1] 第一次鸦片战争、第二次鸦片战争时期，清政府战败，英国割占香港。邓小平提出“一国两制”的伟大构想，使香港回归得以实现。1997年7月1日零点，中华人民共和国国旗和香港特别行政区区旗在香港会议展览中心庄严升起。同一时刻，中国人民解放军驻港部队海陆空三军正式接管香港地区防务，中国政府对香港恢复行使主权，设置了香港特别行政区。香港回归洗雪了香港被割占的百年国耻，在推进祖国的和平统一大业上迈出了重要一步。

[2] 从1553年开始，葡萄牙侵占澳门长达四百多年之久。1999年12月20日，中国对澳门恢复行使主权，设置了澳门特别行政区。澳门回归祖国是继香港回归之后中华民族的又一盛事，是中国人民在完成祖国统一大业上树立的又一历史丰碑。

---

[1]参阅《中华人民共和国图像日志》(下册)，沈学明编著，中央文献出版社，2010年第1版，第232～233页。

[2]同上书，第258页。

骨肉连

望台湾[1]

两岸人

盼团圆

[1] 台湾，自古以来就是中国神圣领土不可分割的一部分。17世纪中叶，台湾曾被荷兰侵占。1662年，民族英雄郑成功率军打败了荷兰侵略者，收复了台湾。甲午中日战争后，清政府被迫与日本签订丧权辱国的《马关条约》，台湾被日军侵占长达50年之久。1945年抗战胜利后，台湾回到祖国怀抱。1949年国民党政府在内战失利中退守台湾，造成台湾同祖国大陆分离的状况。台湾与大陆实现和平统一是两岸人民的共同愿望。

[1] 参阅《马克思主义与时俱进100例》，杨春贵主编，中共中央党校出版社，2003年第1版，第386页。

人间重望一回圆　刘光夏 作

钓鱼岛[1]

保领土

南海权[2]

不让步

钓鱼岛

[1] 中国最早发现、开发、命名钓鱼岛，这里自古以来就是中国人民进行捕鱼、采药、避风、休息等活动的场所，明朝就把钓鱼岛归入中国版图。在地质上，钓鱼岛是台湾大屯山的延伸。日本人发现钓鱼岛，比中国晚了500年。清政府在甲午战争失败后，将钓鱼岛和台湾割让给日本。1945年，日本战败，台湾及其周围岛屿理应回归祖国的怀抱，而日本政府却将附属于台湾岛的钓鱼岛等岛屿以归冲绳县管辖为借口交由美军占领。1972年美军撤离时，将钓鱼岛的行政管辖权交给日本，钓鱼岛争议由此而生。目前钓鱼岛及其领海归属中国，但日本实际非法管辖该岛。无论从历史、地理还是法理的角度来看，钓鱼岛都是中国的固有领土，中国对其拥有无可争辩的主权。

[2] 南海有大小200多个岛礁，位居西太平洋和印度洋之间的航运要冲。远在秦汉时代，南海已成为重要的中国海上航路。中国最早发现了南海诸岛，并予以命名。中国政府最早对这些岛屿礁滩实行管辖和行使主权。20世纪70年代以来，越南、菲律宾等南海周边国家陆续侵占吞食了其中的一些岛屿，形成以武力非法侵占我国南沙岛屿的局面，严重侵犯了我国的领海和领土主权。我国将把建设海洋强国提升到国家发展的战略高度，坚决维护国家海洋权益。

---

[1] 参阅《钓鱼岛是中国的固有领土》白皮书，第386页，新华网，2012年9月25日。
[2] 参阅《南海问题》，新华网，2016年5月17日。

造航母[1]

保海疆

蛟龙号[2]

探深洋

中国第一艘航空母舰辽宁舰　李唐 摄

[1] 辽宁号航空母舰是中国人民解放军海军第一艘可以搭载固定翼飞机的航空母舰，前身是苏联海军的一艘“瓦良格号”航空母舰。20世纪80年代中后期，“瓦良格号”于乌克兰建造时遭逢苏联解体，建造工程完成了一多半后中断。中国购买了“瓦良格号”，继续建造改进。2012年9月25日，正式更名为“辽宁号”，交付中国人民解放军海军。

[2] “蛟龙”号是中国第一台自行设计、自主集成研制的载人深海潜水器。2010年8月26日，该潜水器到达3759米深海底，中国由此成为继美、法、俄、日之后第五个掌握3500米以上大深度载人深潜技术的国家。2012年7月，“蛟龙”号在马里亚纳海沟试验海区创造了下潜7062米的中国载人深潜纪录，同时也创造了世界同类作业型潜水器的最大下潜深度纪录。

---

[1] 参阅《记者探访中国首艘航母：相当于20层高楼房》，新华网，2012年9月26日。
[2] 参阅《“蛟龙”号7000米级海试第五次下潜深度达7062米》，新华网，2012年6月27日。

神舟起[1]

游太空

嫦娥号[2]

登月宫

杨利伟，中国第一个进入太空的航天员

[1]自1999年到2013年，神舟飞船一号到十号飞船相继发射升空，实现了无人飞船、搭载模拟人到载人航天的跨越。1999年完成神舟飞船首次发射，2003年“神舟五号”进行了首次载人飞行，2005年“神舟六号”实现了双人载人飞行，2008年“神舟七号”实现了多人载人飞行和出舱行走。“神舟八号”是一艘无人飞船，与此前发射的“天宫一号”目标飞行器进行空间交会对接，成为一座小型空间站。“神舟九号”与“天宫一号”实施自动交会对接，这是中国实施的首次载人空间交会对接。“神舟十号”是中国第五艘搭载太空人的飞船，与飞行器“天宫一号”交会对接，并首次开展中国航天员太空授课活动。

[2]嫦娥三号探测器是中国第一个月球软着陆的无人登月探测器。2013年12月2日在中国西昌卫星发射中心由长征三号乙运载火箭送入太空，当月14日成功软着陆于月球雨海西北部，15日完成着陆器巡视器分离，并陆续开展了“观天、看地、测月”的科学探测和其他预定任务。嫦娥三号探测器着陆点周边区域命名为“广寒宫”。“广寒宫”方圆77米区域，包括玉兔号月球车巡视路线及其东侧重要地貌。中国是继美国、苏联之后第三个实现登月的国家。

---

[1]参阅《神舟系列飞船十次升空盘点历次任务》，新华网，2013年6月12日。
[2]参阅《嫦娥三号探月全记录》，新华网，2013年12月16日。

奥运会[1]

世博情[2]

梦成真

举世惊

国家体育场（鸟巢） 选自《中国图片》

[1]1896年4月6日至4月15日，在被人尊称为“奥林匹克之父”的法国教育家皮埃尔·德·顾拜旦倡议下，希腊雅典举办了第一届现代奥运会。奥运会每四年一届，到2008年北京举办奥运会已是第29届，参赛国家及地区204个，参赛运动员11438人。北京奥运会共创造43项新世界纪录及132项新奥运纪录。中国以51枚金牌居奖牌榜首位，是奥运历史上首个登上金牌榜首的亚洲国家。

[2]1851年5月1日，世界上的第一次博览会在英国伦敦举办。这次博览会的成功使以后的世界博览会与奥林匹克运动会一样，成为全球规模的盛会，世界博览会因此被誉为世界经济、科技、文化的“奥林匹克”盛会。2010年，上海举办了第41届世界博览会，此次世博会也是中国举办的首届世界博览会，总投资达450亿元人民币，创造了世界博览会史上最大规模纪录。同时，7308万的参观人数也创下了历届世博会之最。

---

[1] 参阅《中国大百科全书》(第二版精粹本)(上)，中国大百科全书出版社，2013年第1版，第38页。
[2] 参阅《中国2010年上海世博会举行》，新华网，2014年10月31日。

拦三峡[1]

水发电

港珠澳

桥贯穿[2]

高峡平湖　赵宗藻 作

[1] 长江三峡水利枢纽工程是当今世界上最大的水利枢纽工程，三峡水电站是世界上规模最大的水电站。长江发源于青藏高原唐古拉山脉的主峰格拉丹冬雪山，全长6300余公里，是中国第一、世界第三大河流。当格拉丹冬的清澈雪水融进江流，奔腾5000多公里，涌进三峡70万千瓦机组巨大的进水管，千百年来白白流走的水能终于变成巨大的电能资源，每年将减少发电燃煤5000万吨，清洁、可再生的三峡电流将照亮半个中国。

[2] 港珠澳大桥是连接香港、珠海、澳门的超大型跨海通道，全长55公里，是世界上最长的跨海大桥。主体工程“海中桥隧”长35.578公里，其中海底隧道长约6.75公里。该大桥也是中国交通史上技术最复杂、建设要求及标准最高的工程之一，被英国《卫报》誉为“新世界七大奇迹”。

---

[1] 参阅《中华人民共和国图像日志》（下册），沈学明编著，中央文献出版社，2010年第1版，第191 ～ 192页。

水北调[1]

气东输[2]

路成网

民得福

南水北调工程

[1]“南水北调”是1952年由党的第一代领导核心毛泽东提出的。2002年12月23日，国务院正式批复了《南水北调工程总体规划》。这个工程把长江流域水资源自其上游、中游、下游，分东、中、西三线送至华北与淮海平原以及西北地区水资源短缺地区。东线工程是从长江下游扬州附近抽水，利用京杭大运河及其平行河道逐级提水北送，解决华北地区的生产生活用水。中线工程从丹江口水库引水，沿线开挖渠道，可基本自流到北京、天津，线路全长1432公里。西线工程是从长江上游引水，向黄河上游调水，补偿黄河水资源的不足，缓冲西北地区干旱缺水的问题。

[2]“西气东输”是我国仅次于长江三峡工程的又一重大投资项目。输气管道西起塔里木盆地的轮南，东至上海。全线采用自动化控制，供气范围覆盖中原、华东、长江三角洲地区。东西横贯新疆、甘肃、宁夏、陕西、山西、河南、安徽、江苏、上海等9个省区，全长4200公里。我国西部地区的塔里木盆地、柴达木盆地、陕甘宁和四川盆地蕴藏着26万亿立方米的天然气资源和丰富的石油资源，约占全国陆上天然气资源的87%。“西气东输”工程将会带来巨大的经济效益和社会效益。

[1] 参阅《中华人民共和国图像日志》（下册），沈学明编著，中央文献出版社，2010年第1版，第299～300页。

高铁快[1]

通九州

计算机[2]

冠全球

中国高铁

[1]2008年8月1日，我国第一条具有自主知识产权、国际一流水平的高速铁路“京津城际铁路”正式通车运营。随后，武广、郑西、沪宁、沪杭、京沪等高速铁路先后建成通车。截至2015年，中国高速铁路运营里程达到1.9万公里，居世界第一。近年来，中国高铁已成为中国制造进军海外的标杆。

[2]2016年6月20日，新一期全球超级计算机500强榜单公布，使用中国自主芯片制造的“神威·太湖之光”取代“天河二号”登上榜首，中国超算上榜总数量有史以来首次超过美国名列第一。据国际TOP500组织当天发布的榜单，“神威·太湖之光”的浮点运算速度为每秒9.3亿亿次，不仅速度比第二名“天河二号”快出近两倍，其效率也提高三倍。更重要的是，与“天河二号”使用英特尔芯片不同，“神威·太湖之光”使用的是中国自主知识产权的芯片。“神威·太湖之光”由国家并行计算机工程技术研究中心研制，安装在国家超级计算无锡中心。此前，由中国国防科技大学研制的“天河二号”超级计算机已在TOP500榜单上连续六度称雄。

助三农[1]

普义教[2]

惠全民

享医疗[3]

互帮互学　薛嘉惠 作

[1] 随着我国经济改革的稳步推进，国民经济呈现出持续快速发展的良好态势。国家财政收入逐年大幅度提高，而农业税收占财政收入的比例则下降到不足百分之三，国家逐步具备了减免农业税的能力。2006年1月1日，中国全部免征农业税。延续了2600年之久的“皇粮国税”彻底告别历史舞台。

[2] 义务教育是国家依照法律的规定对适龄儿童和青少年实施的一定年限的强迫教育的制度。义务教育又称强迫教育和免费义务教育。我国义务教育法规定的义务教育年限为九年。

[3] 1994年，国务院决定在江苏镇江、江西九江进行社会统筹与个人账户相结合的社会医疗保险制度试点，为全国医疗保险制度改革探索有益经验。医改的目的是为了确保每个人包括社会弱势群体都能享受到政府的医疗服务。

---

[1] 参阅《中华人民共和国图像日志》(下册)，沈学明编著，中央文献出版社，2010年第1版，第317～318页。

反腐败[1]

转作风[2]

尊宪法[3]

民为重

反腐　冯印澄 作

[1]要廉政就必须反腐，而反腐才能廉政。中国共产党历来坚持“反腐倡廉”，尤其在经济体制转换的改革开放时期，更是把“反腐倡廉”作为党风廉政建设的行动纲领。拒腐防变必须警钟长鸣，有腐必反、有贪必肃，不断铲除腐败现象滋生蔓延的土壤，把权力关进制度的笼子里，形成不敢腐的惩戒机制、不能腐的防范机制、不易腐的保障机制。

[2]我国全面建设小康社会和全面深化改革开放，需要全面提高党的建设科学化水平。领导干部特别是高级领导干部作风如何，对党风政风乃至整个社会风气具有重要影响。以良好党风带动政风民风，才能真正赢得群众信任和拥护。要严格遵守“八项规定”、“六项禁令”，反对形式主义、官僚主义、享乐主义、奢靡之风。

[3]习近平总书记在参加重庆代表团审议时强调，要坚持法治、反对人治，对宪法法律始终保持敬畏之心，带头在宪法法律范围内活动，严格依照法定权限、规则、程序行使权力、履行职责，做到心中高悬法纪明镜、手中紧握法纪戒尺，知晓为官做事尺度。

---

[1] [2]参阅《盘点习近平十八大以来反腐倡廉论述》，新华网，2014年1月。

[3]《经济日报：深入学习习近平2018年全国两会系列重要讲话》，中国经济网，2018年3月22日。

供给侧[1]

引方向

深改革

推双创[2]

相信中国梦

[1] 供给与需求是相辅相成的概念。中国供需关系正面临着不可忽视的结构性失衡，中低端产品过剩，高端产品供给不足。在适度扩大总需求的同时，应着力加强供给侧结构性改革。提高供给体系质量和效率，增强经济持续增长动力，要从生产端入手，促进产业优化重组，降低企业成本，发展战略性新兴产业和现代服务业，增加公共产品和服务供给，提高供给结构对需求变化的适应性和灵活性。只有坚持供给侧和需求侧的同步结构性调整，实现新的平衡，才能实现经济的稳步增长。

[2] 在我国全面深化改革的征途上，国务院总理李克强发出了“大众创业、万众创新”的号召，这是激发亿万群众智慧和创造力的重大举措，是实现国家强盛、人民富裕的重要途径，是中国发展的动力之源。以简政放权的改革为市场主体释放更大空间，让国人在创造物质财富的过程中同时实现精神追求和自身价值。推动“双创”既可以扩大就业、增加居民收入，又有利于促进社会纵向流动和公平正义。“双创”激发起了民族的创业精神和创新基因，在中国掀起了“大众创业”、“草根创业”的新浪潮，形成了“万众创新”、“人人创新”的新态势。

[1] 参阅《习近平关于全面建成小康社会论述摘编》，中共中央文献研究室编，中央文献出版社，2016年第1版，第63页。
[2] 参阅《李克强推进大众创业万众创新 国务院22份相关文件部署》，新华网，2015年8月6日。

新常态[1]

稳增长

绘蓝图

建小康[2]

永远的红光　刘宇一为嘉兴“红船节”作

[1] 中国经济在经历改革开放三十多年的快速增长之后，经济发展的基本模式、产业业态以及增长动力都在发生质的变化，呈现出新常态特征。新常态将给中国带来新的发展机遇。一是从高速增长转为中高速增长。二是经济结构优化升级，第三产业、消费需求逐步成为主体。三是从要素驱动、投资驱动转向创新驱动。新常态还有远超出经济更全面深刻的内涵，就是通过全面深化改革激发市场蕴藏的活力，推进高水平的对外开放，增进人民福祉，促进社会公平正义。

[2] 小康是中国古代思想家们对社会改造和国家治理的一种理想模式。党的十一届三中全会后，中国改革开放的总设计师邓小平提出了具有新的时代内涵的“小康社会”蓝图。到20世纪末，人民生活总体上达到小康水平。党的十八大以来，以习近平为总书记的中央领导集体阐明了中国梦的现阶段具体指向，是实现“两个一百年”奋斗目标，即在中国共产党成立一百年时全面建成小康社会，在新中国成立一百年时建成富强、民主、文明、和谐的社会主义现代化国家。

[1] 参阅《习近平关于全面建成小康社会论述摘编》，中共中央文献研究室编，中央文献出版社，2016年第1版，第23页。
[2] 同上书，第4、10页。

文明共享

五文明[1]

独浩荡

善创新

世共享

[1] 世界五大文明发源地分别是古埃及、古巴比伦、古希腊、古印度、古中国。古埃及孕育了整个非洲文明，古巴比伦孕育了整个阿拉伯文明，古希腊孕育了整个欧洲文明，古印度孕育了整个南亚文明，古中国孕育了整个东亚文明。中华文明是世界上最古老的文明之一，也是世界上持续时间最长的文明。对于中国文明的连续性，德国哲学家黑格尔曾说：“假如我们从上述各国的国运来比较它们，那么，只有黄河、长江流过的那个中华帝国是世界上唯一持久的国家。征服无从影响这样一个帝国。”中华文明是始终没有中断、连续发展至今的文明。

[1] 参阅《中华文明是世界文明中唯一没有中断的文明》，王琼，《红旗文稿》，2014年第19期。

中国陶　侯小红 作

长城险[1]

锁关山

兵马俑[2]

世奇观

长城万里，四海同春　宋元鹏 作

[1] 长城是中国古代军事防御工程，位于中国北部，东起河北省秦皇岛西至甘肃省嘉峪关，途经巍巍群山、茫茫草原和浩瀚的沙漠，依山取势，择险而建，绵延起伏，横贯中国的东西两端，犹如一条腾飞的巨龙。全长约6700公里，称为“万里长城”。万里长城是中华民族伟大力量的象征，与古罗马斗兽场、比萨斜塔等被列为“中古七大奇迹”之一。1987年，联合国教科文组织将中国万里长城列入《世界遗产名录》。

[2] 秦始皇兵马俑位于陕西省西安市临潼区秦始皇陵以东1.5公里处的兵马俑坑内。兵马俑、战车实物以及实战兵器的出土，形象地展示了秦始皇时代的兵种、编制和武器装备情况。近8000具兵马俑共同组成浩浩荡荡的纵队，千姿百态，威武壮观。1987年，秦始皇陵及兵马俑坑被联合国教科文组织批准列入《世界遗产名录》，并被誉为“世界第八大奇迹”。

[1] 参阅《世界遗产》，胡德坤主编，广西人民出版社，2002年第1版，第8、9页。
[2] 同上书，第14、15、16页。

丝绸路[1]

古今奇

莫高窟[2]

千佛地

张骞回京　林凡 作

[1] 汉武帝派张骞出使西域，不仅巩固了汉朝的西北边疆，减弱了匈奴的威胁，而且开辟了横贯亚洲内陆东西的交通要道。人们将自我国西安往西，经甘肃河西走廊（今新疆境内），再经今伊朗和两河流域直抵欧洲的东西交通贸易的通道，称为“陆上丝绸之路”。这是古代历史上历程最长的一条国际性贸易通道。“海上丝绸之路”东起中国广州、泉州、宁波等沿海港口，途经东南亚，过马六甲海峡，到达包括今印度、巴基斯坦和孟加拉国，越过印度洋、阿拉伯海，最后到达阿拉伯国家。中国的丝绸、茶叶、陶瓷等物品以及古代四大发明由陆上、海上丝绸之路传到了西方；而西方国家的文学、艺术和宗教等也相继传到中国。2014年6月22日，“陆上丝绸之路”的东段已列入《世界遗产名录》，成为首例跨国合作而成功申遗的项目。

[2] 莫高窟位于甘肃省敦煌市东南25公里的鸣沙山东麓，始建于公元366年，北魏、北周、隋、唐以至元代均有所修建。以壁画和塑像闻名于世，与龙门石窟、云冈石窟和麦积山石窟合称为中国四大石窟。莫高窟规模宏大，内容丰富，现存洞窟735个，壁画4.5万平方米，彩塑2000多身。莫高窟壁画绘于洞窟的四壁、窟顶和佛龛内，有的雄浑宽广，有的鲜艳瑰丽，体现了不同时期的艺术风格和特色。1987年，莫高窟被列入《世界遗产名录》。

---

[1] 参阅《世界瑰宝民族之骄傲》，国家教委基础教育司编，人民教育出版社，1991年第1版，第536～540页。

[2] 参阅《世界遗产》，胡德坤主编，广西人民出版社，2002年1月第1版，第13页。

都江堰[1]

息水患

大运河[2]

竞千帆

隋炀帝杨广乘船行于大运河

[1]成都平原在古代是一个水旱灾害十分严重的地方，地上悬江——岷江的洪水泛滥是灾害的根源。秦昭襄王五十一年（公元前256年），秦国蜀郡太守李冰和他的儿子率领当地人民主持修建了著名的都江堰水利工程。都江堰把岷江水流分成两条，其中一条水流引入成都平原，这样既可以分洪减灾，又可以引水灌田、变害为利。都江堰是世界现存历史最长的无坝引水工程，是世界上唯一具有两千多年历史而至今尚在发挥重要作用的古代水利工程。2000年，都江堰被列入《世界遗产名录》。

[2]大运河是中国东部平原上的伟大工程，是世界上最长的运河，也是世界上开凿最早、规模最大的运河。大运河始建于公元前486年，包括隋唐大运河、京杭大运河和浙东大运河三部分，全长2700公里，跨越现北京、天津、河北、山东、河南、安徽、江苏、浙江八个省、直辖市，纵贯于中国最富饶的华北大平原上，通达海河、黄河、淮河、长江、曹娥江五大水系，是中国古代南北交通的大动脉，至今大运河历史已延续2500余年。2014年6月22日，中国大运河项目成功入选《世界遗产名录》。

---

[1]参阅《中国大百科全书》（第二版精粹本）（上），中国大百科全书出版社，2013年第1版，第322页。

指南针[1]

火药兴

印刷术

纸发明

[1] 四大发明是中国古代劳动人民的重要创造，一般是指造纸术、指南针、火药及印刷术。这些发明经由各种途径传至西方，对世界文明发展史也产生了很大的影响。造纸术的发明为人类提供了经济、便利的书写材料，掀起一场人类文字载体革命；雕版印刷术的发明大大促进了文化的传播；指南针的发明为航海家的航海活动提供了条件；火药的发明应用于军事，火药武器在欧洲的使用帮助欧洲资产阶级摧毁了封建堡垒，加速了欧洲的历史进程。意大利数学家杰罗姆•卡丹说到指南针、印刷术、火药对世界的影响时，认为它们是“整个古代没有能与之相匹敌的发明”。

[1] 参阅《世界瑰宝民族之骄傲》，国家教委基础教育司编，人民教育出版社，1991年第1版，第105～123页。

毕昇（印刷术） 肖征波 作

造汉字[1]

世独一

甲骨文[2]

留史迹

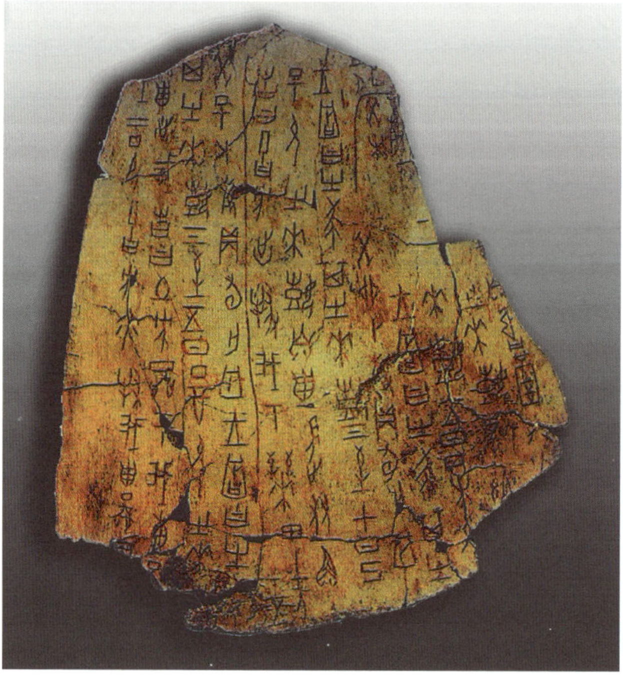

甲骨文

[1] 汉字是世界上唯一一种生生不息、历久弥新的文字。汉字书写了中华民族的历史，承载着光辉灿烂的中华文化。中国考古界先后发布了一系列较殷墟甲骨文更早、与汉字起源有关的出土资料。迄今发现的中国最早的刻画符号出现在河南舞阳贾湖遗址，距今已有八千多年的历史。

[2] 甲骨文发现于河南省安阳市殷墟。殷墟是著名的殷商时代遗址，范围包括安阳市西北小屯村、花园庄、侯家庄等地。甲骨文主要指中国商朝后期王室用于占卜记事而在乌龟的腹甲、背甲和牛的肩胛骨上契刻的文字。甲骨文一般用刀刻出来，也有少量用毛笔写的。甲骨文是中国已知最早的成体系的文字形式，它上承原始刻绘符号，下启青铜铭文，是汉字发展的关键形态，被称为“最早的汉字”。在总共10余万片有字甲骨中，含有4000多个不同的文字图形，其中已经识别的约有2500多字。甲骨文在汉字漫长的发展历史上具有极其重要的地位，被称为现代汉字的鼻祖。

---

[1] 参阅《汉字博物馆》，任德山、任犀然著，商务印书馆，2007年第一版，第13页。
[2] 参阅《中国大百科全书》（第二版精粹本）（上），中国大百科全书出版社，2013年第1版，第684页。

道儒立[1][2]

诸子兴

古文苑

百家鸣[3]

老子骑牛图　姚建广 作

[1] 道家是中国古代哲学主要流派之一，其理论基础和核心范畴是“道”，创始人为老子。在几千年的历史文化中，道家思想与儒家思想一样，对中华民族的民族性格和民族心理产生了深刻的影响。老子的著作《道德经》在被译成外国文字发行量最大的世界文化名著中排名第二，仅次于《圣经》。

[2] 儒家最初指的是婚丧祭祀时的司仪，自春秋起由孔子创立并逐步发展以“仁”为核心的思想体系。儒家在历史上对中华民族的文化发展，对塑造中华民族文化心理、思维方式和生活习惯，对陶冶中华民族自强不息的奋斗精神，都产生了重大而深刻的影响。记载孔子及其弟子言行的儒家经典《论语》，被西方称为中国人的《圣经》。

[3] 在中国历史上，春秋战国是思想和文化最为辉煌灿烂、群星闪烁的时代。这个时期社会结构急剧变化，社会矛盾异常尖锐，兼并战争接连不断，文化思想空前活跃。代表各阶级、各阶层、各派政治力量的学者或思想家著书立说，广收门徒，互相诘难，于是出现了思想领域里“百家争鸣”的局面。中国伟大的思想家大多出现于这个时代，构成了中华传统文化的精华和基础。

---

[1] 参阅《中国大百科全书》(第二版精粹本)(上)，中国大百科全书出版社，2013年第1版，第252～253页。
[2] 同上书，第1201页。
[3] 同上书，第69页。

孙子书[1]

屈原赋[2]

司马迁[3]

史记著

屈原天问图　刘凌沧 作

[1]《孙子兵法》的作者孙武，是春秋时期吴国将领，著名的军事家、政治家。这部书是中国现存最早的兵书，也是世界上最早的军事著作，被誉为“兵学圣典”。《孙子兵法》总结了商周以来特别是春秋战国时期的经验，形成系统的军事化理论体系，充满着朴素唯物论和辩证法思想，对后世产生了深远的影响。

[2] 屈原是中国最伟大的浪漫主义诗人之一，也是我国已知最早的著名诗人。1953年，屈原被列为世界四大文化名人之一。他在楚国民歌的基础上创造了新的诗歌体裁楚辞，主要作品有《离骚》、《九章》、《九歌》等，在诗中抒发了炽热的爱国主义思想感情，体现了他对理想的不懈追求和九死不悔的精神。他创造的“楚辞”文体在中国文学史上独树一帜，与《诗经》并称“风骚”二体，对后世诗歌创作产生了积极影响。

[3] 司马迁是中国西汉伟大的史学家、文学家、思想家。其代表作《史记》是我国第一部纪传体通史，记载了从传说中的黄帝到汉武帝长达三千年间的历史。《史记》与《资治通鉴》并称为史学“双璧”。鲁迅高度评价《史记》为“史家之绝唱，无韵之《离骚》”。

---

[1] 参阅《中国大百科全书》(第二版精粹本)(下)，中国大百科全书出版社，2013年第1版，第1388页。
[2] 参阅《中外名人名著精华快读》，李国堂著，新华出版社，2006年第1版，第4页。
[3] 同上书，第70页。

李杜诗[1]

苏辛词[2]

关王曲[3]

名著四[4]

李白　项维仁 作

[1] 唐朝是中国古典诗歌的黄金时代。而被誉为“诗仙”的李白与“诗圣”的杜甫，则是盛唐诗坛上最伟大的两位诗人。李白是继屈原之后又一伟大的浪漫主义诗人，其五言、七言绝句以“字字神境，篇篇神物”而“冠绝古今”。杜甫是我国古代文学史上最伟大的现实主义诗人，他的诗篇深刻地反映了安史之乱前后的社会生活，被称为“诗史”。

[2] “苏辛”是北宋的苏轼与南宋的辛弃疾的并称，两人同为豪放词派的代表。苏轼一生长期被贬官，尽管他一生在政治上命途多舛，但在文学艺术领域却表现出非凡才华。辛弃疾是以豪迈词风抒写英雄豪杰，又笔触细腻优美的杰出词人。

[3] “关王”是元代戏曲作家关汉卿和王实甫。关汉卿是中国戏剧的开拓者和奠基人，代表作是《窦娥冤》。王实甫创造了文采璀璨的元曲词汇，成为中国戏曲史上“文采派”的杰出代表，其代表作是《西厢记》。

[4] 中国古典长篇小说四大名著是指《水浒传》、《三国演义》、《西游记》、《红楼梦》。《水浒传》取材于北宋末年宋江起义的故事，施耐庵在群众创作的基础上进行加工整理而成。《三国演义》是罗贯中把晋朝陈寿编写的史书《三国志》故事化而著成。吴承恩创作的《西游记》取材于五代、宋元以来流行于民间的唐僧取经的故事，是我国古代神魔小说的代表作。《红楼梦》是曹雪芹撰写的一部百科全书式的长篇小说，主要描写了贾、史、王、薛四个封建贵族世家特别是贾家的衰败过程。

---

[1] 参阅《世界瑰宝民族之骄傲》，国家教委基础教育司编，人民教育出版社，1991年第1版，第234页。
[2] 参阅《中外名人名著精华快读》，李国堂著，新华出版社，2006年第1版，第31、34页。
[3] 同上书，第46页。
[4] 同上书，第90～100页。

吴道子[1]

画飘逸

王羲之[2]

兰亭序

王羲之爱鹅图　王西京 作

[1] 吴道子是唐代著名画家，阳翟（今河南禹州）人，被后世尊称为“画圣”。他的幼年生活贫寒，但刻苦钻研画艺，未满20岁已“穷丹青之妙”，一生主要从事宗教壁画的创作，曾于长安、洛阳两地寺观中绘制壁画多达300余堵，奇踪怪状，无有雷同。他作的卷轴画也相当丰富，如《送子天王图》、《八十七神仙卷》等。

[2] 王羲之是东晋时期著名书法家，山东临沂人，官至右军将军，人称“王右军”。南朝梁武帝说他的书法“如龙跃天门，虎卧凤阁”；唐太宗撰《王羲之赞论》称他“详察古今，研精篆素，尽善尽美”。后世尊称他为“书圣”。《兰亭序》是他的代表作。当时正值晚春，他和谢安、孙绰等41人在绍兴兰亭饮酒赋诗，汇诗成集。他即兴挥毫为此诗集作序，这便是有名的《兰亭序》。此帖为草稿，记述了当时文人雅集的情景。《兰亭序》被誉为“天下第一行书”。

---

[1] 参阅《中国美术通史》，陈聿东、崔延子编著，河南人民出版社，2003年第1版，第25～26页。

[2] 同上书，第99页。

汉张衡[1]

地动仪

祖冲之[2]

圆周率

祖冲之　陈少立 作

[1]张衡是南阳西鄂（今河南省南阳）人，东汉时期的科学家、文学家、思想家，发明了浑天仪、候风地动仪，被后人誉为“科圣”。候风地动仪是世界上的地震仪之祖。虽然它的功能尚只限于测知震中的大概方位，但它却超越了世界科技的发展约1800年。由于他贡献突出，月球背面的一座环形山被命名为“张衡环形山”，太阳系中的1802号小行星被命名为“张衡星”。

[2]祖冲之是我国南北朝时期的数学家、天文学家。他一生钻研自然科学，其主要贡献在数学、天文历法和机械制造三领域。他在刘徽开创的探索圆周率的精确方法的基础上，首次将“圆周率”精算到小数点后七位，即在3.1415926和3.1415927之间，是当时世界最精确的圆周率数值。直到一千多年后，阿拉伯数学家阿尔·卡西才打破了这一纪录。为纪念这位伟大的古代科学家，月球背面的一座环形山被命名为“祖冲之环形山”，把小行星1888号命名为“祖冲之星”。

[1] 参阅《中国大百科全书》(第二版精粹本)(下)，中国大百科全书出版社，2013年第1版，第1841页。

[2] 参阅《社会主义荣辱观五字经》，李国堂、惠保德著，新华出版社，2006年第1版，第41页。

张仲景[1]

伤寒论

著本草

李时珍[2]

李时珍深山采药图　项维仁 作

[1]张仲景是南阳涅阳县(今河南南阳)人，东汉末年医学家，被后人尊称为“医圣”。他不仅有丰富的临床经验，以精湛的医术救治了不少病人，而且写出了一部创造性的医学巨著《伤寒杂病论》。这部书总结了伤寒发展规律和辨证施治法则，为中国古代医学开创了理论与临床实际相结合的典范。

[2]李时珍是湖北蕲州人，明代医药学家和植物分类学家，被列入世界科学伟人的行列。他先后到各地收集药物标本和处方，并拜渔人、樵夫、农民、车夫、药工、捕蛇者为师，参考历代医药等方面书籍925种，考古证今，穷究物理，记录上千万字札记，厘清许多疑难问题，历经27个寒暑，三易其稿，完成了190多万字的巨著《本草纲目》。这部书不仅对世界药物学的发展作出了巨大贡献，而且促进了生物学和植物学的发展。英国著名的进化论创始人达尔文，就曾受到李时珍《本草纲目》的启发，并把该书誉为“中国古代的百科全书”。

[1]参阅《中国大百科全书》(第二版精粹本)(下)，中国大百科全书出版社，2013年第1版，第1848 ～ 1849页。

[2]参阅《科学家的故事》，徐瑜等编著，山东科学技术出版社，1984年版，第147页。

郦道元[1]

水经注

贾思勰[2]

农政书

贾思勰　范曾 作

[1] 郦道元，北魏官员、地理学家，范阳涿县（今河北涿州）人。《水经注》是郦道元为《水经》所作的注文。《水经》全书一万余字，作者不详。《水经注》40卷，全文超过《水经》20余倍。《水经注》以河流为纲，综合记述流经地区的山岭、湖泊、气候、水文、土壤、植被、郡县、城池、关塞、名胜、亭障和社会经济、民风民俗等内容，还收有大量沿革地理和地名的资料。

[2] 贾思勰，东魏科学家，益都（今山东寿光）人。他所著的《齐民要术》总结了六世纪以前中国黄河流域农业、畜牧业的生产技术和经验，记述改土造种、耕作方法、轮作制度、防旱保墒、培植绿肥、果树嫁接、树苗繁殖等，并强调农业生产应当掌握的天时地利因素，抓紧各个环节的重要性。该书不仅是我国现存最早和最完善的农学名著，也是世界农学史上最早的名著之一，对后世的农业生产有着深远的影响。

---

[1] 参阅《中国大百科全书》（第二版精粹本）（上），中国大百科全书出版社，2013年第1版，第856页。

[2] 同上书，第1121页。

黄道婆[1]

造织机

铜瓷玉[2]

酒茶棋[3]

博古(青铜器)
吴昌硕 作

[1]黄道婆是宋末元初松江乌泥泾（今上海市徐汇区华泾镇）人，是中国元代棉纺织技术革新家。她出身贫苦，少年流落崖州（今海南三亚西北），师从黎族人学会运用制棉工具和织崖州被的方法。元代元贞年间重返故乡，把在崖州学到的纺织技术改革成一套扞、弹、纺、织工具，大大提高了纺织功效。由于乌泥泾和松江一带人民迅速掌握了先进的织造技术，一时“乌泥泾被不胫而走，广传于大江南北”。松江曾成为全国最大的棉纺织中心，松江布有“衣被天下”的美称。

[2]青铜器是我国古代文明的重要载体之一，其纹饰、造型、铭文，体现着当时人们对美的执着追求，是中国古代文化史的重要一页。殷商西周时代，是中国青铜文化繁荣鼎盛的时期。瓷器是中国人民的独特创造。中国闻名于世界，瓷器在其中起了极其重要的作用。“中国”一词的英文China原意即瓷器，瓷器以其独特的民族文化特色代表着中国悠久的文明。中国古代玉器则以其质坚、润泽、美观大方而久享盛名。

[3]我国是酒文化的发源地，是世界上酿酒最早的国家之一。在河南省舞阳县贾湖遗址发现的酒的发酵饮料，距今已有九千年的历史。中国也是茶文化的发源地，据说饮茶始于神农时代，已有四千七百多年历史。在世界四大棋类中，象棋、围棋是中国的发明。象棋的棋子命名有中国封建社会官职的缩影。我国古代四大艺术“琴棋书画”中的“棋”即指围棋。

---

[1]参阅《中国大百科全书》（第二版精粹本）（上），中国大百科全书出版社，2013年第1版，第620页。

[2][3]参阅《中国传统文化》，张岂之主编，高等教育出版社，2005年第2版，第151～155页、第161页、第139～143页。

赏音乐[1]

听戏曲[2]

练武术[3]

看杂技[4]

贵妃醉酒（戏剧人物） 黄刚 作

[1]中国音乐是光辉灿烂的中国文化的一个重要组成部分。中国音乐的起源可以追溯到黄帝时代。这一时代音乐的总特征是诗、舞、乐三位一体，统称为“乐”。中国最早的乐器是在河南舞阳贾湖遗址出土的用鹤尺骨制成的骨笛，距今有九千年的历史。这一批骨笛比古埃及出现的笛子要早两千年，是迄今为止中国考古发现的最古老的乐器，也是世界上最早的可吹奏乐器。

[2]中国戏曲与希腊的悲剧、喜剧，印度的梵剧并列，是被世界公认的三大古老戏剧。希腊的悲剧和喜剧早已从舞台销声匿迹，印度梵剧虽然还存在，但其繁盛程度与往昔已不可同日而语。唯有中国的戏曲至今还活跃在舞台上，充满勃勃生机。中国戏曲经过长期的发展，逐步形成了以“京剧、越剧、黄梅戏、评剧、豫剧”五大戏曲剧种为核心的中华戏曲百花苑。

[3]中国武术有着悠久的历史，它的产生缘起于我国远古祖先的生产劳动。商周时期，利用“武舞”来训练士兵，鼓舞士气。中国武术是劳动人民创造的宝贵的文化遗产。

[4]中国杂技是历史悠久的传统表演艺术之一。在汉代的百戏、唐代的宫廷中，杂技与乐舞一样，大展华彩。宋元以后，古典舞受到轻视，杂技也沦落江湖。清末民初，中国杂技又远渡重洋，饮誉欧美。当代中国杂技已经成为全世界人民喜爱的艺术奇葩。

---

[1][2] 参阅《中国艺术》(上)，全国干部培训教材编审指导委员会组织编写，人民出版社，2002年第2版，第1～4页。

[3] 同上书，第234页。

[4] 同上书，第191页。

古至今

硕果丰

中国梦

世界通[1]

[1] 中国梦与世界梦是共通的。中国将始终坚持和平发展的方针，在实现国家和平崛起的过程中，以负责任大国的全球视野，审视和对待全人类的“世界梦”。事实已经并将继续证明，实现“中国梦”给世界带来的是和平，不是动荡；是机遇，不是威胁；不仅造福中国人民，而且造福世界人民。在实现中国梦的过程中，中国将同世界各国一道，推动各国人民更好实现自己的梦想。

[1] 参阅《求是：实现中国梦给世界带来和平而非动荡》，中国新闻网，2014年9月16日。

黄河之水天上来 方济众 作

中华圆梦

炎黄族[1]

龙传人[2]

聚力量

耀昆仑

炎黄二帝　刘炳文 作

[1]中华民族的人文始祖炎帝和黄帝是传说中的人物。炎帝和黄帝的父亲是少典氏族的成员，母亲是有蛟氏族的成员。炎帝、黄帝与居住在东方的部落、南方的部落的一部分逐渐融合，形成了华夏民族的主体。“炎黄子孙”是海内外华人引以为荣的自我称谓，成了中华民族的代名词。

[2]龙的诞生与我国原始农业发展有密切的关系，它的奇特形象不是以一种动物为原型，而是取多种史前先民熟悉的动物特征糅合创作出来的艺术形象。龙作为史前先民崇拜的对象，反映出中华民族祖先追求美好理想、驱除现实苦难的努力。随着氏族部落之间的相互融合，龙的形象在糅合中发展得更加丰满。这反映出中华民族祖先的恢弘想象，企望探求自然奥秘的精神。中华民族所创造的丰富多彩的龙文化，说明炎黄子孙不愧是龙的传人。

---

[1]参阅《中国传统文化》，张岂之主编，高等教育出版社，2005年第2版，第11页。
[2]同上书，第42页。

李大钊[1]

倡共产

党旗飘

鲜血染

[1] 李大钊（1889～1927），河北乐亭人，中国接受和传播马克思主义的先驱，中国共产党的主要创建者之一。李大钊的革命活动，遭到奉系军阀的仇视，他们下令在北京逮捕了李大钊等80余人。奉系军阀政府不顾社会舆论的强烈反对和谴责，将李大钊等20位革命者绞杀在西交民巷京师看守所内。在敌人的绞刑架下，李大钊生命的音响更加嘹亮，生命的光华更加璀璨晶莹。他的满腔热血化作红花的种子，撒遍了祖国各地。

[1] 参阅《李大钊》，张静如、马模贞著，上海人民出版社，1981年第1版，第168页。

李大钊 王西京 作

吉鸿昌[1]

赵一曼[2]

杀日寇

救国难

吉鸿昌　高撼 作

[1] 吉鸿昌（1895～1934），河南扶沟人，抗日民族英雄，爱国将领。1913年入冯玉祥部队，从士兵递升至军长，骁勇善战。1932年加入中国共产党，1934年参与组织中国人民反法西斯大同盟，宣传抗日。吉鸿昌在天津法租界被国民党军统特务暗杀受伤，遭到逮捕。蒋介石下令将吉鸿昌杀害于北平陆军监狱。行刑前吉鸿昌捡了一根小树枝在刑场的地上写下了他的就义诗："恨不抗日死，留作今日羞。国破尚如此，我何惜此头！"吉鸿昌怒视敌人，岿然正坐，慷慨就义，时年39岁。

[2] 赵一曼（1905～1936），四川宜宾人，中国共产党党员，抗日民族英雄。原名李坤泰，参加革命后，改名李一超。赵一曼是在东北抗日联军期间所用的化名。她曾在武汉黄埔军校、苏联莫斯科中山大学学习，写有"未惜头颅新故国，甘将热血沃中华"的悲壮诗句。在哈尔滨以东的抗日游击区与日军作战中，赵一曼为掩护部队腿部负伤后在昏迷中被俘。日军对她进行了坐老虎凳、灌辣椒水、电刑等酷刑，但她始终坚贞不屈，被日寇杀害于珠河县（今黑龙江省尚志市）小北门外，时年31岁。

[1] 参阅《革命烈士诗抄》，萧三主编，中国青年出版社，2011年第4版，第70页。
[2] 参阅《赵一曼》，张麟、何家栋著，湖南少年儿童出版社，1980年第1版，第165页。

秋瑾烈[1]

刘胡兰[2]

抛头颅

盼梦圆

秋瑾堪豪图　李明媚 作

[1] 秋瑾（1875～1907），祖籍浙江山阴（今绍兴市），清末杰出的女革命家。1905年，由徐锡麟介绍参加光复会，同年又加入了同盟会，曾写下“拼将十万头颅血，须把乾坤力挽回”的革命诗句。徐锡麟在安庆起义失败，秋瑾受到牵连，被清军逮捕。她坚决不吐口供，仅书“秋风秋雨愁煞人”以对，从容就义于绍兴轩亭口，时年32岁。

[2] 刘胡兰（1932～1947），山西文水云周西村（现已更名为刘胡兰村）人。1946年她到山西省文水县云周西村做妇女工作，14岁被吸收为中共预备党员。1947年1月12日，刘胡兰被阎锡山部和当地地主武装抓捕。在敌人的威胁面前，她坚贞不屈，大义凛然地说:“怕死不当共产党员！”她毫不畏惧，在敌人的铡刀下从容就义，牺牲时未满15周岁。毛泽东闻讯后，题词赞其“生的伟大，死的光荣”。

---

[1] 参阅《浩然正气》，中国革命博物馆编，人民出版社，1991年第1版，第87页。
[2] 参阅《中国大百科全书》（第二版精粹本）（上），中国大百科全书出版社，2013年第1版，第1165页。

聂耳曲[1]

国歌情

冼星海[2]

黄河颂

人民音乐家聂耳　董希文 作

[1] 聂耳（1912～1935），云南玉溪人，中华人民共和国国歌《义勇军进行曲》的曲作者。1935年初，田汉改编了电影《风云儿女》，并写了一首主题歌即《义勇军进行曲》。由于发现国民党特务已来追捕，他仓促间在一张小小的香烟包装纸上写下歌词，就被抓进监狱。夏衍拿到田汉留下的剧本，发现了歌词，聂耳主动请缨作曲。1949年9月，中国人民政治协商会议第一届全体会议把《义勇军进行曲》作为中华人民共和国的代国歌。2004年3月14日，十届全国人大二次会议通过的宪法修正案规定中华人民共和国国歌为《义勇军进行曲》。

[2] 冼星海（1905～1945），祖籍广东番禺，出生于澳门，中国著名作曲家、钢琴家，有“人民音乐家”之称。由诗人光未然作词的《黄河大合唱》经他谱曲，成了广为传诵的绝响。1939年5月11日，在延安举行的一场晚会上，冼星海穿着灰布军装和草鞋，打着绑腿指挥《黄河大合唱》，在场的毛泽东和其他中央首长连声叫好。更有许多人唱着“风在吼，马在叫”走向抗日战争最前线。他的音乐作品富于艺术性、民族性和时代感，一些作品已成为中国近代音乐发展的里程碑。

[1] 参阅《中国大百科全书》（第二版精粹本）（上），中国大百科全书出版社，2013年第1版，第1065页。
[2] 同上书，第884页。

鲁郭茅

巴老曹[1]

徐悲鸿[2]

艺风高

鲁迅　吴声 作

[1]“鲁郭茅巴老曹”是鲁迅、郭沫若、茅盾、巴金、老舍、曹禺六位作家的合称，他们是五四时期新文化运动涌现出的文艺大师。鲁迅是世界著名文豪之一，我国新文化运动的领导人，代表作是《阿Q正传》；郭沫若的才华主要表现在诗作上，代表作是《女神》；茅盾是个多产的作家，代表作《子夜》是中国现代社会的一面镜子；巴金以激流三部曲《家》、《春》、《秋》名震文坛；老舍被誉为现代语言艺术大师，代表作是《四世同堂》和《骆驼祥子》；曹禺才华横溢，代表作《雷雨》是被搬上银幕次数最多的作品。

[2]徐悲鸿(1895～1953)，江苏宜兴人。中国画家、美术教育家，所作国画彩墨浑成，尤以奔马享名于世。1949年9月，他应邀出席中国人民政治协商会议，随后被政务院任命为中央美术学院院长。他创作出取材于历史或古代寓言的大幅绘画，借古喻今，表现了热爱祖国和人民的真挚之情。1940年完成国画《愚公移山》，赞誉中国民众坚忍不拔的毅力和夺取抗日最后胜利的顽强意志。1949年新中国成立后，他满腔热情地描绘新中国建设中的新人、新事、新面貌。

[1][2]参阅《中国大百科全书》(第二版精粹本)(上)，中国大百科全书出版社，2013年第1版，相关人物资料。

李四光[1]

油新论

制火箭

钱学森[2]

李四光　王为政 作

[1]李四光（1889～1971），湖北黄冈人，蒙古族，中国著名科学家、地质学家、教育家和社会活动家。1904年，他因学习成绩优异被选派到日本留学，后旅居英国。新中国成立后，李四光冲破国民党的阻拦，回到了祖国的怀抱。当时中国所需石油大都依靠进口，并且外国散布着“中国贫油”的论调。李四光分析了我国的地质条件，认为中国的陆地一定有石油。从20世纪50年代后期至60年代，勘探部门相继找到了大庆油田、大港油田、胜利油田等大油田。李四光以他独创的地质力学理论，为我国的地质、石油勘探建设事业作出了巨大贡献。

[2]钱学森（1911～2009），生于上海，祖籍浙江杭州，中国力学家，工程控制论和物理力学的开拓者，中国航天事业的奠基人之一，中国科学院及中国工程院院士，中国“两弹一星功勋奖章”获得者。1935年赴美国留学。新中国成立后，钱学森立即决定回国，报效祖国。正当钱学森一家准备回国时，美国政府指控他是美国共产党，扣留了他的全部行李，并将他非法拘留15天。在我国政府的帮助下，钱学森冲破重重阻力，历经艰辛返回祖国。回国后，钱学森为新中国的火箭、导弹、卫星等尖端科研事业作出了杰出贡献。

---

[1]参阅《社会主义荣辱观五字经》，李国堂、惠保德著，新华出版社，2006年第1版，第44页。

[2]参阅《中国大百科全书》（第二版精粹本）（上），中国大百科全书出版社，2013年第1版，第1134～1135页。

华罗庚[1]

素数论

解猜想

陈景润[2]

华罗庚

[1]华罗庚（1910～1985），出生于江苏常州，祖籍江苏丹阳，世界著名数学家，中国科学院院士，美国国家科学院外籍院士，第三世界科学院院士，联邦德国巴伐利亚科学院院士。早年因家境困难，仅在学堂里念过9年书，后来在家坚持刻苦自学。1930年，他在杂志上发表文章，受到专家的赏识，被邀请到清华大学工作。1936年前往英国剑桥大学深造。新中国成立后，他辞去了在美国大学的终身教授职务，舍弃了洋房汽车，携全家回国。他说科学没有国界，但科学家是有自己的祖国的。他是中国在世界上最有影响力的数学家之一，被列为芝加哥科学技术博物馆中当今世界88位数学伟人之一。

[2]陈景润（1933～1996），福建闽侯（今福州市）人，中国著名数学家。他曾在北京市第四中学任教。由于华罗庚教授的赏识，陈景润被调到中国科学院数学研究所。1966年他证明了“每个大偶数是一个素数及一个不超过两个素数的乘积之和”（简称“1+2”），把几百年来人们未曾解决的哥德巴赫猜想的证明大大推进了一步，使他在这个领域的研究上居世界领先地位。英国数学家哈伯斯坦和德国数学家黎希特把陈景润的论文写进数学书中，称为“陈氏定理”。

---

[1]参阅《中国大百科全书》（第二版精粹本）（上），中国大百科全书出版社，2013年第1版，第611页。
[2]同上书，第182～183页。

学雷锋[1]

好榜样

焦裕禄[2]

民颂扬

焦裕禄带领兰考人民进行根除“三害”的斗争　辰生 作

[1] 雷锋（1939～1962），湖南长沙简家塘人，不满7岁就成了孤儿，靠六叔、奶奶养大成人。20岁参军被分配到运输连当汽车兵，刻苦学习驾驶技术。雷锋不仅有善于挤和钻的“钉子精神”，更有一种全心全意为人民服务的“傻子精神”。他所做的一件件平凡的事情，铸成了他高尚的品格。1962年8月15日，因为一场意外事故，雷锋不幸去世，年仅22岁。1963年3月5日，毛泽东发出“向雷锋同志学习”的号召后，群众性学习雷锋活动在全国城乡蓬勃展开，雷锋精神成为亿万人民的自觉实践。习近平指出，雷锋身上所具有的“信念的能量、大爱的胸怀、忘我的精神、进取的锐气”，正是我们民族精神的最好写照。

[2] 焦裕禄（1922～1964），山东淄博人，1946年加入中国共产党，1962年被调到河南省兰考县担任县委书记。兰考县地处豫东平原黄河故道之中，风沙、盐碱、内涝“三害”困扰着兰考人民的生产和生活。他身患肝癌，依旧忍着剧痛，领导全县人民战天斗地，摆脱贫困。他工作时常用硬物顶住自己疼痛的肝部，以致他坐的藤椅右边被顶穿了一个大窟窿。1964年5月14日，焦裕禄不幸逝世，时年42岁。他用自己的实际行动，铸就了亲民爱民、艰苦奋斗、科学求实、迎难而上、无私奉献的焦裕禄精神。

---

[1] 参阅《中华人民共和国图像日志》，（上册），沈学明编著，中央文献出版社，2010年第1版，第239页。

[2] 同上书，第257页。

王进喜[1]

战油田

袁隆平[2]

稻高产

袁隆平　杨秀云 摄

[1] 王进喜（1923～1970），甘肃玉门人，中国石油工人的代表。1960年3月，王进喜率队从玉门到大庆参加石油大会战，组织全队职工用“人拉肩扛”的方法搬运和安装钻机，用“盆端桶提”的办法运水保证钻机开钻，不顾腿伤跳进泥浆池，用身体搅拌泥浆压井喷，被誉为“铁人”。他带领钻井队在1958年创造了月进尺5000米的钻井纪录，1959年创造了全年总进尺高达70000米的全国最高纪录。他带领工人仅用六天时间就打成大庆油田的第一口油井。1966年钻井进尺突破10万米，创造了当时年钻井进尺的世界纪录。

[2] 袁隆平是江西德安人，1930年9月7日生于北京，中国“杂交水稻之父”，中国工程院院士。为了进行育种实验，他顶着炎炎烈日，在稻海中用放大镜逐株逐穗观察，终于找到了六株雄性不育株水稻。同时他又跋山涉水，四处奔波，寻找杂交实验用的野生稻。1970年10月，在海南崖县一片沼泽地里找到一株野生稻。经过杂交实验，培育出了优良稻种。袁隆平研究的三系杂交水稻成为世界上首例成功的杂交水稻品种。为中国杂交水稻种植以及杂交水稻在世界上推广作出了巨大贡献。

---

[1] 参阅《中国大百科全书》(第二版精粹本)(下)，中国大百科全书出版社，2013年第1版，第1494页。

[2] 参阅《中华人民共和国图像日志》，(下册)，沈学明编著，中央文献出版社，2010年第1版，第20～21页。

任正非[1]

商前锋

王永民[2]

五笔通

王永民

[1] 任正非，祖籍浙江浦江，1944年出生于贵州安顺，华为技术有限公司创始人、总裁。1987年，任正非集资2.1万元人民币创立华为公司，1988年任华为公司总裁。2003年，任正非荣膺网民评选的“2003年中国IT十大上升人物”；2005年，美国《时代》周刊发表了一年一度的“世界最具影响力的100人”名单，任正非入选，同时入选的IT界名人还有比尔·盖茨、史蒂夫·乔布斯等。2011年12月，任正非在华为内部论坛发表文章，透露了为何要设计华为的人人股份制。他设计这项制度是受了父母不自私、节俭、忍耐与慈爱的影响。任正非还创立了华为的CEO轮值制度，每人轮值半年。华为创建的共赢经济模式对中国民营经济改革是一种积极的探索。经过三十年的不懈努力，华为技术有限公司已成为全球领先的电信解决方案供应商。

[2] 王永民，生于1943年12月，河南南阳人，王码五笔字型发明人。1962年参加高考时，他以南阳地区第一名的成绩考入中国科技大学无线电电子学专业。在研究发明产品的日子里，生活条件非常艰苦。为了使五笔字型这项发明得到认可，1984年，王永民来到北京，因经济拮据而租住地下室。他穿梭于北京100多个大大小小的部委机关，为各部委讲解五笔字型。两年下来，五笔字型被中央机关接受并普及开来，联合国50个打字员，49个都使用“五笔字型”。“五笔字型”输入法的发明对于我国汉字文化走向世界具有重大意义。

---

[1] 参阅《华为的世界》，吴建国、冀勇庆著，中信出版社，2006年第10版，第5页。
[2] 参阅《王永民回首汉字输入这30年》，新华网，2013年9月28日。

有莫言[1]

获诺奖

看姚明[2]

体健将

莫言在诺贝尔奖晚宴上致辞

[1] 莫言，1955年2月出生于山东高密，中国著名作家。莫言在小学五年级时因“文化大革命”辍学，在农村劳动长达10年，主要从事种高粱、种棉花、放牛、割草。1976年莫言参加中国人民解放军，担任过图书管理员，阅读了大量的文学书籍。1985年初，莫言在《中国作家》杂志发表《透明的红萝卜》而一举成名。2000年，莫言的《红高粱》入选《亚洲周刊》评选的“20世纪中文小说100强”。长篇小说《蛙》获2011年第八届茅盾文学奖。2012年，获诺贝尔文学奖。

[2] 姚明，前中国男子篮球运动员，1980年出生于上海，身高2.26米。自幼受篮球运动熏陶，九岁时接受基础训练。13岁后参加上海青年队。17岁加入国家青年队集训，18岁入选中国国家男子篮球队。1999年与队友合作获亚洲男子篮球锦标赛冠军。2000年3月获全国男篮甲A联赛1999～2000赛季的篮板、扣篮、盖帽三个单项奖，同时入选中国男篮全明星阵容和亚洲全明星队。2001年亚洲篮球锦标赛，姚明平均以每场贡献13.4分，10.2个篮板和2.8次盖帽，投篮命中率达72.4%，使中国国家队夺得冠军。2002年6月他在美国全美职业篮球联赛选秀中成为新秀状元。之后，加盟休斯顿火箭队，并以自己的努力与实力成为火箭队的首发主力。2003年、2004年入选NBA全明星阵容。被美国媒体称为“中国的奇迹”。在2008年第29届奥运会上，以姚明为主力的中国男篮获第八名。2011年7月20日在上海宣布退役。

---

[1] 参阅《中国大百科全书》(第二版精粹本)(上)，中国大百科全书出版社，2013年第1版，第1017页。

[2] 同上书(下)，第1714页。

众英杰

多豪情

人与国

梦相同[1]

[1] 个人梦和国家梦有内在的联系，这就是个人的奋斗和梦想离不开国家梦的实现。国家梦的实现，特别是中华民族伟大复兴中国梦的实现，又有赖于每一个人最大限度地把自己的聪明才智和创造力发挥出来。为了实现这样一个梦想，要在全社会中营造一种氛围，把全民族的梦想和追求凝聚在一起。只有13亿人的智慧和力量汇聚成不可战胜的磅礴力量，才能把历经苦难而又生生不息的中华民族送达梦想的彼岸。

[1] 参阅《习近平在十二届全国人大一次会议闭幕讲话》，新华网，2013年3月17日。

身着56个民族服装的各民族青年聚集在天安门前共祝祖国繁荣

少年梦[1]

成栋梁

青年梦[2]

敢担当

蒸蒸日上　邓怀农 作

[1]梁启超《少年中国说》对青少年的重要性作了很好的阐述:“少年智则国智,少年富则国富,少年强则国强,少年独立则国独立,少年自由则国自由,少年进步则国进步……”随着社会的发展,青少年也拥有更多人生出彩的机会,正如习近平总书记说的:“青少年要敢于有梦,有梦想,还要脚踏实地,好好读书,才能梦想成真。”青少年要挥洒激情努力奋斗,释放热情顽强拼搏。只有这样,才无愧于党的关怀与希望,在成长路上用汗水浇灌梦想,用努力铸就成功,才能够真正成为祖国建设的有用之才、栋梁之才。

[2]青年者,人生之王,人生之春,人生之华。五四以来的青年运动史,就是一部中国梦引领青年梦、青年梦融入中国梦的历史。在五四精神感召下,一代代有志青年在救亡图存、振兴中华的历史洪流中谱写了壮丽的青春乐章。站在新的历史起点上,当代青年要在实现中国梦的伟大实践中放飞人生梦想、绽放绚丽青春。习近平总书记在同各界优秀青年代表座谈时指出:“青年一代有理想、有担当,国家就有前途,民族就有希望,实现我们的发展目标就有源源不断的强大力量。”

---

[1]参阅《从习近平“青少年要敢于有梦”说开来》,新华网,2013年5月23日。
[2]参阅《习近平给华中农业大学“本禹志愿服务队”回信》,新华社北京2013年12月5日电。

中年梦[1]

创辉煌

老年梦[2]

享安康

其乐融融 史正学 作

[1]“吾十有五而有志于学，三十而立，四十而不惑，五十而知天命，六十而耳顺，七十而从心所欲，不逾矩。”孔子认为中年期仍在发展，到了老年也还没有终止。中年人能独立自主地进行观察和思维，智力发展到最佳状态，情绪趋于稳定，处世待人的社会行为趋于干练豁达，能适应环境和把握环境，意志坚强。中年人是社会中坚，肩负民族与社会责任。

[2]“老有所养，老有所居，老有所医，老有所学，老有所教，老有所乐，老有所慰，老有所为”，这是让老年人欢度幸福晚年的基本保障。老年群体尤其是离退休老干部都是建设中国特色社会主义、实现中国梦的亲历者和践行者。他们在实践中积累了丰富的知识和经验，是社会的宝贵财富，实现中国梦离不开老年人的支持和参与。中国梦归根到底是13亿中国人民的梦，每个人包括老年人在内的“个人梦”只有融入“中国梦”之中，才能实现其价值。

---

[1][2] 参阅《论语通译》，徐志刚译注，人民文学出版社，1997年第1版，第10页。

中国梦[1]

人民梦

齐努力[2]

民族兴

祖国万岁　刘宇一 作

[1]“中国梦归根到底是人民的梦，必须紧紧依靠人民来实现，必须不断为人民造福。”这是习近平总书记对中国梦的深刻阐述，彰显出中国共产党人的使命感和责任感。生活在我们伟大祖国和伟大时代的中国人民，共同享有人生出彩的机会，共同享有梦想成真的机会，共同享有同祖国和时代一起成长与进步的机会。中国梦好比是一个集体，每个人的梦想都是其中不可缺少的。每个人都在为实现梦想顽强拼搏，就会创造实现中国梦的强大支撑；每个人的梦想得以实现，就能汇聚起实现中国梦的磅礴之势。

[2]“中国梦”的核心目标可以概括为“两个一百年”的目标，到中国共产党成立一百年时全面建成小康社会；到中华人民共和国成立一百年时，逐步并最终顺利实现中华民族的伟大复兴。党的十八大以来，以习近平同志为核心的党中央不断丰富深化治国理政新实践，为实现中国梦打下了坚实的基础。中国梦就像开国领袖毛泽东在《星星之火，可以燎原》中所预言的那样："它是站在海岸遥望海中已经看得见桅杆尖头了的一只航船，它是立于高山之巅远看东方已见光芒四射喷薄欲出的一轮朝日，它是躁动于母腹中的快要成熟了的一个婴儿。”中国梦一定能成为辉煌的现实。

---

[1] 参阅《习近平：中国梦归根到底是人民的梦 必须紧紧依靠人民来实现》，新华网，2013年3月17日。

[2] 参阅《毛泽东选集》(第一卷)，人民出版社，1952年7月第1版，第103页。

附录

中国梦三字经

华夏逐梦

中国梦　源流长　渔猎耕　始三皇

轩辕帝　拓蛮荒　华夏族　融四方

尧舜贤　相禅让　禹治水　功无量

夏王启　国家立　周兴师　纣自毙

春秋霸　战国争　始皇出　秦一统

民起义　刘项兴　楚败亡　汉称雄

汉武帝　盛世君　三国分　归西晋

南北朝　隋归一　唐太宗　贞观绩

五代乱　北宋建　辽金侵　宋南迁

元兴起　明复替　清末弱　八国欺

孙中山　身为公　倡三民　帝制终

毛泽东　打江山　新中国　立东方

邓小平　总设计　改革路　民富裕

三代表　正本源　顺潮流　谱新篇

人为本　科学观　重和谐　谋发展

习近平　领航向　新时代　国富强

民族独立

旧中国　百年辱　独立梦　曲折路

林则徐　焚鸦片　三元里　民血战

洪秀全　揭义竿　均田制　合民愿

办洋务　自图强　外侵凌　更危亡

甲午年　中日战　邓世昌　撞敌舰

推变法　有康梁　六君子　戮刑场

列强侵　国危难　民觉醒　义和团

同盟会　复中华　辛亥年　清垮塌

帝官封　暗如磐　共产党　掀三山

建武装　南昌城　秋暴动　靠工农

井冈山　星火燃　聚遵义　挽狂澜

爬雪山　长征苦　过草地　光明路

延安塔　耸云端　闹革命　民心连

抗日寇　十四年　民族奋　驱敌顽

三战役　渡长江　十月一　庆解放

救中国　多仁人　共逐梦　定乾坤

国家富强

国新立　百业兴　东方晓　睡狮醒

两弹响　卫星升　拥核武　保和平

联合国　席位重　入世贸　争公平

港澳归　举国庆　念生母　血脉同

骨肉连　望台湾　两岸人　盼团圆

钓鱼岛　保领土　南海权　不让步

造航母　保海疆　蛟龙号　探深洋

神舟起　游太空　嫦娥号　登月宫

奥运会　世博情　梦成真　举世惊

拦三峡　水发电　港珠澳　桥贯穿

水北调　气东输　路成网　民得福

高铁快　通九州　计算机　冠全球

助三农　普义教　惠全民　享医疗

反腐败　转作风　尊宪法　民为重

供给侧　引方向　深改革　推双创

新常态　稳增长　绘蓝图　建小康

文明共享

五文明　独浩荡　善创新　世共享

长城险　锁关山　兵马俑　世奇观

丝绸路　古今奇　莫高窟　千佛地

都江堰　息水患　大运河　竞千帆

指南针　火药兴　印刷术　纸发明

造汉字　世独一　甲骨文　留史迹

道儒立　诸子兴　古文苑　百家鸣

孙子书　屈原赋　司马迁　史记著

李杜诗　苏辛词　关王曲　名著四

吴道子　画飘逸　王羲之　兰亭序

汉张衡　地动仪　祖冲之　圆周率

张仲景　伤寒论　著本草　李时珍

郦道元　水经注　贾思勰　农政书

黄道婆　造织机　铜瓷玉　酒茶棋

赏音乐　听戏曲　练武术　看杂技

古至今　硕果丰　中国梦　世界通

中华圆梦

炎黄族　龙传人　聚力量　耀昆仑

李大钊　倡共产　党旗飘　鲜血染

吉鸿昌　赵一曼　杀日寇　救国难

秋瑾烈 刘胡兰 抛头颅 盼梦圆

聂耳曲 国歌情 冼星海 黄河颂

鲁郭茅 巴老曹 徐悲鸿 艺风高

李四光 油新论 制火箭 钱学森

华罗庚 素数论 解猜想 陈景润

学雷锋 好榜样 焦裕禄 民颂扬

王进喜 战油田 袁隆平 稻高产

任正非 商前锋 王永民 五笔通

有莫言 获诺奖 看姚明 体健将

众英杰 多豪情 人与国 梦相同

少年梦 成栋梁 青年梦 敢担当

中年梦 创辉煌 老年梦 享安康

中国梦 人民梦 齐努力 民族兴

图书在版编目（CIP）数据

中国梦三字经 / 李国堂著. —上海: 东方出版中心，2018.6（2019.11重印）
ISBN 978-7-5473-1022-9

Ⅰ. ①中… Ⅱ. ①李… Ⅲ. ①中国特色社会主义—社会主义建设模式—通俗读物 Ⅳ. ①D616—49

中国版本图书馆CIP数据核字（2016）第225394号

中国梦三字经

策划责编　鲁培康
美术编辑　何永萍
封面设计　久品轩

出版发行　东方出版中心
地　　址　上海市仙霞路345号
邮政编码　200336
电　　话　021-62417400
印 刷 者　上海丽佳制版印刷有限公司

开　　本　890mm×1240mm　1/32
印　　张　5.875
字　　数　126千字
版　　次　2018年6月第1版
印　　次　2019年11月第3次印刷
定　　价　36.00元